Bitco**in**vest or Not?

Bitcoinvest or Not?

Answers to Crucial Questions

Panayotis V. Sofianopoulos
Παναγιώτης Β. Σοφιανόπουλος

Copyright, December 2019 by Panayotis V. Sofianopoulos
Bitcoinvest or Not?
Bilingual book in English and Greek

Copyright, December 2019 Παναγιώτης Σοφιανόπουλος
Bitcoinvest or Not?
Δίγλωσσο βιβλίο στα Αγγλικά και Ελληνικά

You may use free, the graphs, tables and images of this book, citing their primary/initial/originative source. Reproduction or translation of the text of any part of this book, without the permission of the copyright owner is unlawful. Request for permission or further information, should be addressed to Author at sofpan@yahoo.com.

Μπορείτε να χρησιμοποιείτε ελευθέρως, τα γραφήματα, πίνακες και φωτογραφίες αυτού του βιβλίου, αναφέροντας τις αρχικές πηγές. Η αναπαραγωγή ή μετάφραση του κειμένου οποιουδήποτε μέρους αυτού του βιβλίου, χωρίς την άδεια του κατόχου των πνευματικών δικαιωμάτων, είναι παράνομη. Αίτηση για άδεια ή περαιτέρω πληροφορίες, θα πρέπει να απευθύνονται στον Συγγραφέα στη διεύθυνση sofpan@yahoo.com.

Important Notice: The information and analysis contained in this publication have been compiled or arrived at from sources through internet research. From sources believed to be reliable but the Author and the Publisher do not make any representation as to their accuracy or completeness and do not accept liability for any inaccuracy. Also, any information found in this book, must not be taken as advice or suggestion for buying or selling stocks or anything else.

Stock investments and stock market products are unpredictable and may lead to capital losses. The readers of this book, if they buy or sell stocks or anything else, must do this at their own responsibility.

Σημαντική Σημείωση: Πολλές από τις πληροφορίες και αναλύσεις που περιέχονται σε αυτή την έκδοση, έχουν συγκεντρωθεί από ένα πλήθος πηγών που προέκυψαν μετά από έρευνα στο internet. Θεωρούμε ότι οι πηγές αυτές είναι αξιόπιστες αλλά ο Συγγραφέας και ο Εκδότης δεν λαμβάνουν θέση όσον αφορά την σωστή τους παρουσίαση, την ακρίβειά τους και την πληρότητά τους και δεν δέχονται καμία υποχρέωση που μπορεί να προκύψει από τα ανωτέρω. Επίσης, οποιαδήποτε πληροφορία περιλαμβάνεται στο παρόν βιβλίο δεν πρέπει να την λαμβάνετε ως συμβουλή ή πρόταση για αγορά ή / και πώληση οποιοδήποτε προϊόντος. Η όποια τυχόν αγορά ή πώληση κάνουν, οι αναγνώστες αυτού του βιβλίου, σχετική με την θεματολογία του, γίνεται με δική τους ευθύνη.

To Common Sense!

Στη Κοινή Λογική!

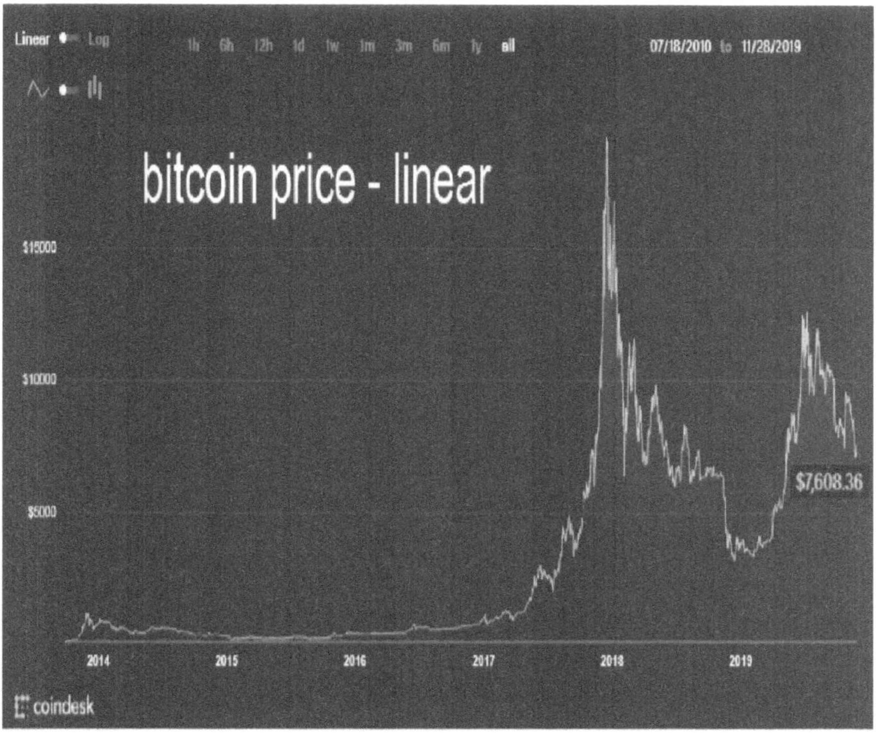
Linear Log
1h 6h 12h 1d 1w 1m 3m 6m 1y all
07/18/2010 to 11/28/2019
bitcoin price - linear
$15000
$10000
$5000
$7,608.36
2014
2015
2016
2017
2018
2019
coindesk

bitcoin price - log
$10000
$7000
$6000
$5000
$4000
$3000
$2000
$1000
$700
$600
$500
$400
$300
$200
2014
2015
2016
2017
2018
2019

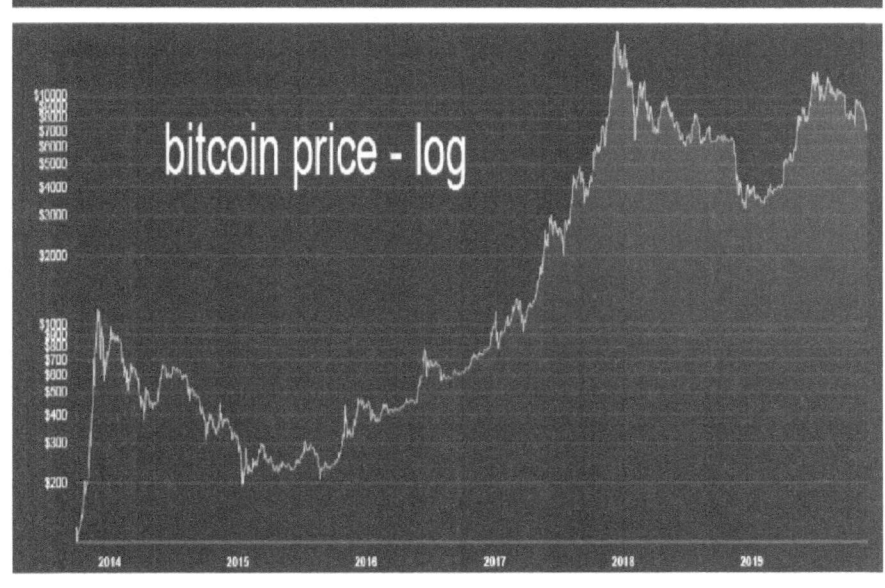

Contents
Περιεχόμενα

Introduction/ Prologue 5

Εισαγωγή - Πρόλογος 7

Chapter 1 10

Bitcoin: "King" of all bubbles! 10

Κεφάλαιο 1 16

Bitcoin: "Βασιλιάς" όλων των φουσκών! 16

Chapter 2 24

Demolishing Bitcoin! 24

Κεφάλαιο 2 29

Αποδομώντας το Bitcoin! 29

Chapter 3 Bubbles and Bitcoins ! 33

Κεφάλαιο 3 Φούσκες και Bitcoins ! 37

Chapter 4 Some facts on Bitcoin 41

Κεφάλαιο 4 Μερικά Δεδομένα για το Bitcoin 45

Chapter 5 Bitcoin: So revolutionary and awesome! 49

Κεφάλαιο 5 Bitcoin, τόσο 'φοβερό' που ούτε οι πρωτοπόροι και ψαγμένοι με αυτό, δεν το εκμεταλλεύθηκαν! 54

Chapter 6 58

Is Bitcoin a bubble??? ... Nah! 58

Κεφάλαιο 6 63

Είναι φούσκα το bitcoin;;; ... Μπααα! 63

Chapter 7 Self-Proclaimed Bitcoin's inventor to give half of his Bitcoin Fortune 68

Κεφάλαιο 7 Ο αυτοαποκαλούμενος δημιουργός του Bitcoin, διετάχθη να δώσει τη μισή του περιουσία 73

Chapter 8 78

Why Bitcoin is not banned by the powerful States? 78

Κεφάλαιο 8 86

Γιατί το bitcoin δεν απαγορεύεται από τους Ισχυρούς; 86

Chapter 9 95

Bitcoin's Supporters 95

Κεφάλαιο 9 101

Οι υποστηρικτές του Bitcoin 101

Chapter 10 107

Draghi answers 107

Κεφάλαιο 10 113

Οι απαντήσεις του Μάριο Ντράγκι 113

Chapter 11 120

What about the Trends??? 120

Κεφάλαιο 11 132

Τι μας δείχνουν οι Τάσεις;;; 132

Chapter 12 145

An Important Survey 145

Κεφάλαιο 12 149

Μια σημαντική Έρευνα 149

Chapter 13 154

Conclusion - Epilogue 154

Κεφάλαιο 13 160

Συμπέρασμα - Επίλογος 160
Μετα... ανάλυση για το Bitcoin! 169
Chapter 14 172
Choose stocks at 'random' and beat the market and the Pros! 172
Κεφάλαιο 14 175
Επιλέξτε μετοχές 'τυχαία' και κερδίστε την αγορά και τους επαγγελματίες! 175

Answers to Crucial Questions

Introduction/ Prologue

Bitcoinvest or not? That is The Question! To invest someone on Bitcoin or better not? ... to stay out of it?
Do not invest on Bitcoin, and other cryptocurrencies too, if you first, don't read this book. After all, it is a small book, easy to read, speaking simply, to the point, and its cost is low. Would you risk your money by investing in a new and quite difficult to understand/tricky product, such as Bitcoin, so frivolously? ... or will you be informed about it and if you decide to invest on it / or trade, you will do so having the knowledge and you will do it carefully and as safely as possible? And finally, will you win or lose from this case?
Our known, Isaac Newton once allegedly said (back in 18th century): I can calculate the motion of heavenly bodies, but not the madness of people!

Well, I can explain people's madness, that Newton couldn't; How to understand it, how to comprehend it, how to realize it. In short, it is due to greed, their desire to become rich - and fast. Their greed is irresistible (almost)! - and lead them to act frivolously and careless. It is not a matter of being clever; Newton was one of the most brilliant minds among humans, ever – but he lost money in stock market from a bubble (South Sea Company). And historically, greed that leads in the appearance of market bubbles, it has been repeated many times, all over the world. It is a universal human characteristic.

In this little book, you will find interesting and meaningful answers to questions posed / or should posed to all potential investors in this cryptocurrency: Bitcoin. Because before investing in Bitcoin, you need to ask the right questions, and find the correct answers; this is a process to do in all your investments. And this is done, because the author, economist himself and being an investor with over thirty years of experience, if anything, has learned to ask the right questions, and conclude the correct answers, that arise from dialogue, study, information and analysis. In this small book, it is gathered all the useful substance: you will find common sense, reason, and valuable findings, saving you money and time - as you know, both are valuable, after all, and time **is** money.

Each of this book's topics / chapters, were published as articles on the author's site www.taxcoach.gr, and are separate, individually if you want readings, although in many ways, are linked, in a complementary way. As individual / separate articles, they are also much easier to read. Although they were presented as articles in the past, they have lost nothing of their interest as you will read and realize. Also, where appropriate for better comprehension, they have been supplemented with newer data.

The questions been asked, and the consequent analysis, essentially cover all cryptocurrencies, not just bitcoin - which means that even if you want to invest in another cryptocurrency, this book is for you.

Finally, this book is also very useful to those who deal with the stock market in general, as it is itself a great study in the phenomenon of Bubbles, and how someone can, first and foremost, be protected from them (by asking the right questions, and finding the correct answers), and second, how to win from bubbles, as if you know their risks and behaviors, you increase your odds to win - of course, if you choose to deal with them.

This book is bilingual, in English and Greek. Each of his articles / chapters is presented first in English, then in Greek.

Enjoy your reading,

Panayotis Sofianopoulos

Author of
HERETIC INVESTOR:
A work smart, not hard, way to profit on Wall Street!

Εισαγωγή - Πρόλογος

Bitcoinvest or not? ... That is The Question! (λογοπαίγνιο)
Να επενδύσει και να τοποθετηθεί κανείς στο Bitcoin ή καλύτερα όχι, να απέχει;
Μην επενδύσετε στο Bitcoin, αλλά και άλλα κρυπτονομίσματα, εάν πρώτα, δεν διαβάσετε αυτό το βιβλίο. Άλλωστε είναι μικρό, μιλάει απλά, to the point, και το κόστος του, χαμηλό. Θα ρισκάρετε τα χρήματά σας τοποθετούμενοι σε ένα νέο και αρκετά δυσκολονόητο προϊόν, όπως είναι το Bitcoin, έτσι ελαφρά τη καρδία; ... ή θα ενημερωθείτε και θα πράξετε με γνώση και προσεχτικά και όσο γίνεται, με ασφάλεια; Εντέλει, θα κερδίσετε ή θα χάσετε από αυτή την υπόθεση;

Ο γνωστός μας Ισαάκ Νεύτων, πίσω στον 18ο αιώνα, φέρεται ότι είπε: I can calculate the motion of heavenly bodies, but not the madness of people! (Μπορώ να υπολογίσω τις κινήσεις των ουρανίων σωμάτων, αλλά όχι την τρέλα των ανθρώπων!)

Λοιπόν, εγώ μπορώ να εξηγήσω την τρέλα των ανθρώπων, που ο Νεύτων δεν μπορούσε. Πως να την καταλάβετε, πως να την κατανοήσετε. Εν συντομία, οφείλεται στην απληστία, στην επιθυμία τους να γίνουν πλούσιοι και γρήγορα. Η απληστία τους είναι ακαταμάχητη (σχεδόν)! – και τους οδηγεί στο να ενεργούν επιπόλαια και απρόσεκτα. Δεν είναι θέμα του να είσαι έξυπνος – ο Νεύτων ήταν ένα από τα λαμπρότερα μυαλά μεταξύ των ανθρώπων σε όλες τις εποχές, αλλά έχασε χρήματα από την χρηματιστηριακή φούσκα της South Sea Company. Και ιστορικά, η απληστία που οδηγεί στην εμφάνιση φουσκών στην χρηματιστηριακή αγορά, έχει επαναληφθεί πολλές φορές, παντού σε όλο τον κόσμο. Είναι ένα πανανθρώπινο χαρακτηριστικό.

Σε αυτό το μικρό βιβλίο, θα βρείτε ενδιαφέρουσες και ουσιαστικές απαντήσεις, σε ερωτήματα που δημιουργούνται σε όλους τους δυνητικούς επενδυτές στο εν λόγω κρυπτονόμισμα: το Bitcoin. Διότι πριν επενδύσετε στο Bitcoin, θα πρέπει να θέσετε τα σωστά ερωτήματα, και να βρείτε τις ορθές απαντήσεις. Μια διαδικασία που πρέπει να κάνετε σε όλες τις επενδύσεις σας.

Και αυτό γίνεται διότι ο ίδιος ο συγγραφέας, οικονομολόγος και όντας χρηματιστηριακός επενδυτής με υπερτριακονταετή πείρα, αν μη τι άλλο, έχει μάθει να θέτει τις σωστές ερωτήσεις, και από τον διάλογο, την μελέτη και την ενημέρωση, γεννώνται και οι ορθές απαντήσεις. Σε αυτό το βιβλιαράκι, είναι μαζεμένη όλη η ουσία: θα εντοπίσετε την κοινή λογική, την αιτίαση, και τις πολύτιμες διαπιστώσεις, γλυτώνοντας χρήμα και χρόνο. Και τα δύο πολύτιμα, άλλωστε ο χρόνος, είναι και χρήμα.

Το κάθε ένα από τα topics / κεφαλαιάκια που παρουσιάζονται σε αυτό το βιβλίο, είχαν δημοσιευτεί ως άρθρα στο site www.taxcoach.gr, συμφερόντων του συγγραφέα, και αποτελούν ξεχωριστά, μεμονωμένα αν θέλετε αναγνώσματα, αν και με διάφορους τρόπους, σε κάποια σημεία συνδέονται, με την έννοια της αλληλοσυμπλήρωσης. Ως μεμονωμένα είναι και πολύ πιο ευκολοδιάβαστα. Παρόλο που είχαν παρουσιαστεί ως αρθράκια, δεν έχουν χάσει, όπως θα διαπιστώσετε με την ανάγνωση, τίποτα από το ενδιαφέρον τους. Επίσης, όπου κρίθηκε σκόπιμο και για την καλύτερη κατανόηση των θεμάτων που εξετάζονται, συμπληρώθηκαν με νεότερα στοιχεία.

Τα ερωτήματα και η ανάλυση που προκύπτει, ουσιαστικά καλύπτει και όλα τα κρυπτονομίσματα, όχι μόνο το bitcoin. Που σημαίνει ότι ακόμα και εάν θέλετε να επενδύσετε σε κάποιο άλλο κρυπτονόμισμα, το βιβλίο αυτό, είναι κατάλληλο για εσάς.

Τέλος, το βιβλίο αυτό, έχει ενδιαφέρον και με όσους ενασχολούνται με τα χρηματιστηριακά γενικότερα, καθώς είναι από μόνο του, μία σπουδαία σπουδή, στις Φούσκες, και πως μπορεί κάποιος αφενός και κατά πρωτεύοντα λόγο να προστατευθεί από αυτές (θέτοντας τα κατάλληλα ερωτήματα, και βρίσκοντας τις ορθές απαντήσεις), αφετέρου και δευτερευόντως, του πως να κερδίσει από τις φούσκες, καθώς εάν γνωρίζεις τα επικίνδυνά τους, αυξάνονται οι πιθανότητες να κερδίσεις, εάν βέβαια επιλέξεις να ασχοληθείς μαζί τους.

Το εν λόγω βιβλίο είναι δίγλωσσο, στα αγγλικά και στα ελληνικά. Κάθε ένα από το άρθρα / κεφαλαιάκια του, παρουσιάζεται πρώτα στα αγγλικά, μετά στα ελληνικά.

Καλή ανάγνωση,

Παναγιώτης Σοφιανόπουλος

Συγγραφέας του
HERETIC INVESTOR:
A work smart, not hard, way to profit on Wall Street!

Chapter 1
Bitcoin: "King" of all bubbles!

Written 13-12-2017 but still interesting!

In this article, the Author predicted the big bubble, when Bitcoin's price reached almost 20,000 dollars and then bubble popped.

Let's examine it now (December 2017), at a glance:

Bitcoin **cons**:

1. It's already a Mega Bubble.
See below graph. Bitcoin is the biggest one. Second is the Tulip Mania.

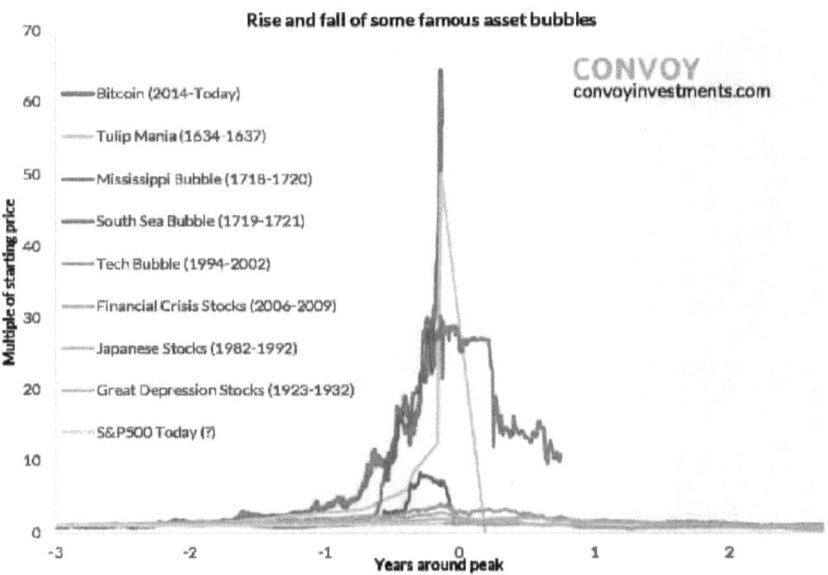

2. Imaginative speculation (globally).
It will never have a widespread use that will justify these prices (and I mean anything above $2,500).
Do you know many companies to accept being paid in bitcoins? … **now**, not in the far future…
Would you like to get paid in bitcoins for your job? Or you would prefer to get paid in dollars or euros? Can you actually pay with bitcoins in your local Super Market / groceries store (now)? … or you must change them into dollars or euros that are accepted everywhere and have real purchasing power (with $ or € you can buy anything, without change them to something else).
Think about that (examine **facts**, not imaginery speculation).
They also say, it is the coin (money) of future. Even **if** it could become, with such a volatility, is cancelled, because there can be no money whose value fluctuates so strongly and often.

3. Not easy to buy, even more difficult to sell.
Till now is convenient only to tech-geeks.
If you want to buy, firstly learn the mechanism to sell; a complex mechanism and procedure.

4. Demand and Supply do not function properly.
It has to do with #3. That leads to distortions and bubblicious exaggerations.

5. High fees and commissions.
Before you buy, through a platform, exchange, etc., learn about these.

6. The governments will tax the profits from bitcoin explosion.
Everywhere in Earth, governments want to increase their income (tax). Do you think that they will leave untouched such a 'gold-mine' like bitcoins?

7. When governments think that is the right time, they will regulate and control bitcoin / or its wider frame.
In my Country (Greece), we have a proverb, saying that "*Love, coughing and money, can't be hidden*". Leaving aside love and

coughing, money cannot be hidden because at some point, they will appear - in a 'point' that governments can check and control. If you have money, because of bitcoin explosion, sooner or later, you will make some purchase that will pass through legal economy. At this point, the State will catch you and at least, will tax you heavily. At least.

8. Is it safe?
It's something digital. Are you **sure** it cannot be hacked? ... and lose all your money in your e-wallet? Some platforms had been already and widely hacked.

9. Competition will emerge.
If bitcoin has some real use, I stress, IF, then competition will emerge. We are talking for some tech-thing. It is easy, some more advanced «thing» to appear and take bitcoin's place. In such situation, bitcoin's value will vanish. Already exist, not just hundreds, but thousands of cryptocurrencies.

10. I observe typical bubble features.

• They start accepting bitcoins for *lending* you dollars. When they use this 'valuable' asset (like bitcoin in our case) as a collateral, you can suspect that the bubble's top is close.

• I observe many "nothing" companies like penny stocks, *switching their business models*, just to follow the «sexy» bitcoin mining and wider cryptocurrency sector (usually is just words from scammers; they don't do actually something) and their stocks skyrocket! This is a phenomenon of bubbles and it happens near the top of a bubble. In the '90s, many "nothing" companies they changed their title to [something].com, just to take advantage from dot-com mania (most of them, just disappeared in the years that followed). Now, it's bitcoin-mania.

11. Everything in history, having such an exponential rise in such short-term horizon, was a bubble.

Bitcoiners try to justify this, by saying it is «revolutionary», like internet. That's their mantra. Let's accept their «logic»: Did GOOGLE, maybe the best and top internet company, with widespread use – who doesn't use Google daily? – and basically a monopoly in its areas, had ever such an exponential rise in such short-term horizon?
Not even for a joke.

And how come and bitcoin's use has not spread significantly, globally? It didn't created last year or in 2015; it created in 2009. A decade passed and bitcoin has a tiny and very limited use as money.

12. Furthermore, bitcoin's capitalization has surpass old, strong and gigantic corporations with widespread presence, strong and useful products and services, companies with past, present and future.
Now [Dec. 2017] just 11 companies have larger capitalization than useless* bitcoin.
Can you believe that bitcoin is the 12th most valued «asset» in today's world? ... and if it keeps going up, will be the 11th, 10th or 9th most valuable asset globally? It is already a *huge madness* and will be worse if it keeps flying.

(* useless because how many use it as real money for their transactions?)

See the Table with the capitalization, in the next page.

Company	Market Cap
Apple	873.1
Alphabet	715.8
Microsoft	640.7
Amazon.com	531.0
Facebook	522.9
Alibaba Group	470.2
Berkshire Hathaway	461.8
Johnson & Johnson	374.2
JPMorgan Chase	355.6
Exxon Mobil	353.2
Bank of America	288.0
Bitcoin	278.6
Wells Fargo	276.7
Wal-Mart Stores	260.8
Royal Dutch Shell	258.8
Visa	251.5
Anheuser-Busch InBev SA/NV	237.4
Procter & Gamble	220.2
Chevron	219.6
Taiwan Semiconductor Manufacturing	219.5
Intel	213.8
Oracle	212.4
Pfizer	208.5
UnitedHealth Group	207.9
AT&T	206.6
China Mobile	206.6
HSBC Holdings	197.7
Coca-Cola	196.1

Bitcoin **pros**:

1. Imaginative speculation (globally).

This point is the same with cons. In cons is negative because of bitcoin contrast to fundamentals and real potential use. Here, this point is positive, because this huge speculation, leaves a lot of area to expand / win through trading.

2. It can (possibly) inflate much further before it bursts, because now, is not yet widespread among global population.

Bubbles usually burst, when a big part of the population is engaged in those basically ponzi schemes.

How many do actually use bitcoins (today) in their transactions? How many are paid in bitcoins? How many have obtain bitcoins, even just for speculation? So, it *seems* that we don't have yet, the critical bubble size, it needs for a bubble to burst. But you cannot feel safe, because any bubble behave chaotic and with an unpredictable way.

Compare Bitcoin with another big and expanding trend: airbnb.

Airbnb, also innovative, is more widespread globally and with obvious use and benefit, comparable to bitcoin. Although, bitcoin has surpass airbnb, in Google Trends, in last 5 years time-frame [ending in Dec. 2017]. So bitcoin with much less use than airbnb, is so bubblecious.

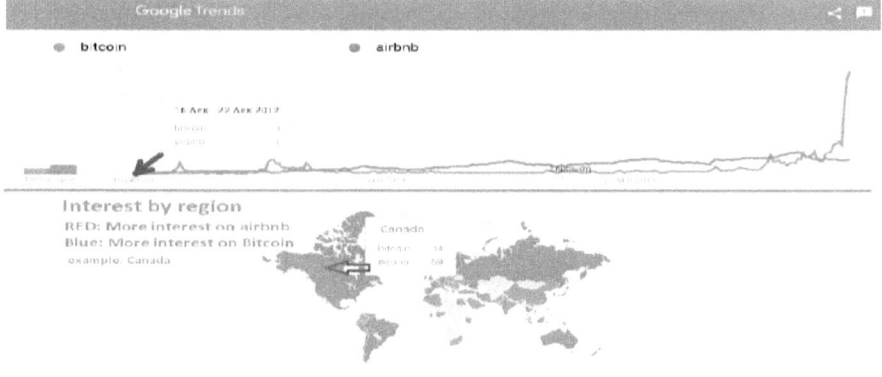

Κεφάλαιο 1
Bitcoin: "Βασιλιάς" όλων των φουσκών!

Γραμμένο στις 13-12-2017 αλλά επίκαιρο λόγω των συγκρίσεων που κάνει!
Σε αυτό το άρθρο, ο Συγγραφέας προέβλεψε την μεγάλη φούσκα, όταν η τιμή του Bitcoin έφτασε σχεδόν τα 20.000 δολάρια και έπειτα, η φούσκα έσκασε.

Ας εξετάσουμε τώρα (Δεκέμβριος 2017), με μια ματιά:

Αρνητικά Bitcoin:

1. Είναι ήδη μια Μεγάλη Φούσκα.

Δείτε το αμέσως παρακάτω γράφημα. Το bitcoin είναι το μεγαλύτερο με διαφορά – ακολουθεί δεύτερη η τουλιπομανία.

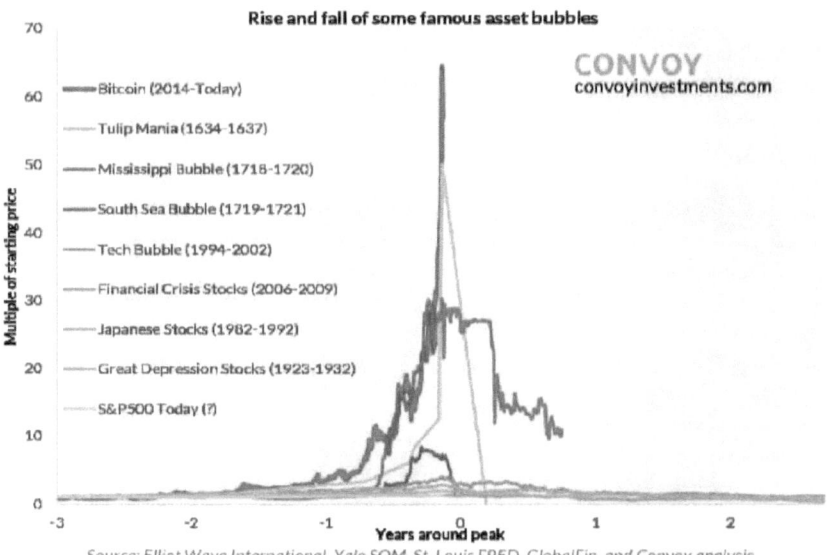

2. Υπερβολική κερδοσκοπία (διεθνώς).

Το Bitcoin δεν θα έχει ποτέ μια ευρεία χρήση που θα δικαιολογήσει αυτές τις τιμές (και εννοώ οτιδήποτε πάνω από τα 2.500 δολάρια). Γνωρίζετε πολλές επιχειρήσεις που να δέχονται να πληρωθούν σε bitcoins? … **τώρα**, όχι στο μακρινό μέλλον…

Θα θέλατε να πληρώνεστε σε bitcoins για την εργασία σας; Ή θα προτιμούσατε να πληρωνόσαστε σε δολάρια ή σε ευρώ; Μπορείτε, στην πραγματικότητα, να πληρώσετε με bitcoins στο τοπικό σας Super Market ή στα καταστήματα της καθημερινότητάς μας (τώρα); … ή πρέπει να τα αλλάξετε σε δολάρια ή ευρώ που γίνονται αποδεκτά παντού και έχουν αληθινή αγοραστική δύναμη (με τα $-δολάρια or €-ευρώ μπορείτε να αγοράσετε οτιδήποτε, χωρίς να τα αλλάξετε σε κάτι άλλο). Σκεφτείτε το, και εξετάστε τα δεδομένα, όχι την φαντασιόπληκτη κερδοσκοπία.

Λένε επίσης οι υποστηρικτές του Bitcoin, ότι είναι το νόμισμα (χρήμα) του μέλλοντος. Ακόμα και **εάν** μπορούσε να γίνει, με τέτοια διακυμανσιμότητα που παρουσιάζει (μεγάλες και συχνές μεταβολές της αξίας του), αυτο-ακυρώνεται, διότι δεν μπορεί να υπάρξει χρήμα που η αξία του μεταβάλλεται τόσο έντονα και τόσο συχνά.

3. Δεν είναι εύκολο να το αγοράσεις, ακόμα δυσκολότερο να το πουλήσεις.

Μέχρι τώρα, είναι βολικό μόνο σε tech-geeks, δηλαδή τύπους εξοικειωμένους με την τεχνολογία.

Εάν θέλετε να αγοράσετε, πριν το κάνετε, μάθετε πως θα μπορέσετε να το πουλήσετε, την διαδικασία, τον μηχανισμό, που είναι περίπλοκος. Μερικές φορές είναι περισσότερο περίπλοκος πό ό,τι το να αγοράσετε. Προσέξτε λοιπόν.

4. Η Ζήτηση και η Προσφορά, δεν λειτουργούν ομαλά και ικανοποιητικά.

Έχει να κάνει με το #3 (ακριβώς από πάνω). Αυτό οδηγεί σε διαταραχές και υπερβολές που συναντάμε σε φούσκες.

5. Υψηλές Αμοιβές και Προμήθειες.

Πριν αγοράσετε, μέσα από μια πλατφόρμα, ανταλλακτήριο κ.λπ., μάθετε για αυτά – για να μην εκπλαγείτε (αρνητικά) αργότερα.

6. Οι κυβερνήσεις θα φορολογήσουν τα κέρδη από την έκρηξη του Bitcoin.

Παντού στη Γη, οι κυβερνήσεις θέλουν να αυξήσουν τα έσοδά τους (φορολογία). Πιστεύετε ότι θα αφήσουν ανέγγιχτο ένα τέτοιο 'χρυσορυχείο' όπως τα bitcoins;

7. Όταν οι κυβερνήσεις θεωρήσουν ότι είναι ο κατάλληλος χρόνος, θα ρυθμίσουν και θα ελέγξουν όλο το πλαίσιο του Bitcoin ή και το ευρύτερο πλαίσιο.

Στην χώρα μας, την Ελλάδα, έχουμε ένα γνωστό ρητό, που λέει ότι *"Ο έρωτας, ο βήχας και το χρήμα, δεν κρύβονται"*. Αφήνοντας στην άκρη, τον έρωτα και τον βήχα, ας ασχοληθούμε με το χρήμα, το οποίο δεν μπορεί να κρυφτεί διότι σε κάποιο σημείο, θα εμφανιστεί, θα φανεί, και θα είναι σε ένα 'σημείο' που οι κυβερνήσεις μπορούν να τσεκάρουν και να ελέγξουν. Εάν έχετε χρήματα, λόγω της εκτίναξης του Bitcoin, αργά ή γρήγορα, θα κάνετε κάποιες συναλλαγές που θα περάσουν από την νόμιμη οικονομία. Σε αυτό το σημείο, η Πολιτεία, οι Αρχές θα σας πιάσουν και τουλάχιστον, θα σας φορολογήσουν βαρέως. Τουλάχιστον.

8. Είναι Ασφαλές;

Είναι κάτι ψηφιακό. Είστε **σίγουροι** ότι δεν μπορεί να χακαριστεί; … και αν χάσετε όλα σας τα χρήματα στο ηλεκτρονικό σας πορτοφόλι (e-wallet); Δεν είναι λίγες οι πλατφόρμες και ανταλλακτήρια που έχουν ήδη και ευρέως χακαριστεί.

9. Θα αναπτυχθεί ανταγωνισμός.

Εάν το bitcoin έχει μια κάποια πραγματική χρήση, δίδω έμφαση, ΕΑΝ, τότε θα αναπτυχθεί ανταγωνισμός. Μιλάμε για ένα πράγμα τεχνολογικής φύσεως. Είναι εύκολο και λογικό, να παρουσιαστεί ένα πιο τεχνολογικά προηγμένο «πράμα» που θα πάρει την θέση που έχει σήμερα το bitcoin – συμβαίνει αυτό στις τεχνολογίες. Σε μια τέτοια κατάσταση, η αξία του bitcoin θα εξαφανιστεί. Ήδη τα κρυπτονομίσματα, ανέρχονται όχι σε εκατοντάδες αλλά σε χιλιάδες.

10. Παρατηρώ τυπικά χαρακτηριστικά φουσκών.

• Αρχίζουν να δέχονται bitcoins για να σας *δανείσουν* δολάρια. Όταν χρησιμοποιούν αυτό το 'πολύτιμο' asset (όπως το bitcoin στην περίπτωσή μας) ως εχέγγυο, πρέπει να υποψιάζεστε ότι η κορυφή της φούσκας είναι κοντά.

• Παρατηρώ ότι παρουσιάζονται πολλές στην ουσία ανύπαρκτες εταιρίες, όπως στην περίπτωση των penny stocks, που *αλλάζουν τα επιχειρηματικά τους μοντέλα*, μόνο και μόνο για να ακολουθήσουν την μόδα του bitcoin mining (εξόρυξη / δημιουργία Bitcoin) που είναι sexy, όπως και για να ασχοληθούν με τον ευρύτερο τομέα των κρυπτο-νομισμάτων (συνήθως, ως κανόνα, αυτές οι αλλαγές δραστηριότητας και επιχειρηματικού μοντέλου, είναι μόνο λόγια, και προέρχονται από απατεώνες, αφού αποδεικνύεται στην συνέχεια ότι δεν υλοποίησαν τίποτα από όσα εξάγγειλαν) και συνεπακόλουθα, οι μετοχές τους εκτοξεύονται!

Αυτό είναι ένα φαινόμενο στις φούσκες και συμβαίνει ως επί το πλείστον, κοντά στην κορυφή τους. Στην δεκαετία του '90, πολλές στην ουσία ανύπαρκτες εταιρίες, άλλαξαν τον τίτλο τους σε [κάτι].com, μόνο και μόνο για να επωφεληθούν από την μανία της εποχής εκείνης, την dot-com mania, καθώς οι μετοχές τους εκτοξεύονταν μόνο και μόνο από την αλλαγή στα λόγια. Οι περισσότερες από αυτές, δεν έκαναν τίποτα ουσιαστικό, και εξαφανίστηκαν στα χρόνια που ακολούθησαν. Τότε ήταν η dot-com mania, τώρα είναι η bitcoin-mania.

11. Κάθε τι στην ιστορία, που είχε τέτοια εκθετική αύξηση της τιμής του σε τόσο βραχυπρόθεσμη περίοδο, ήταν μια φούσκα.

Οι Bitcoiners, δηλαδή οι υποστηρικτές του κρυπτονομίσματος, προσπαθούν να δικαιολογήσουν αυτό, με το να λένε ότι το Bitcoin είναι «επαναστατικό», όπως το internet. Αυτό είναι το mantra τους, ο λόγος που επαναλαμβάνεται λες και εάν επαναλαμβάνεται, θα γίνει πραγματικότητα. Αλλά ας αποδεχτούμε την «λογική» τους: Είχε ποτέ η GOOGLE, ίσως η καλύτερη και κορυφαία ιντερνετική εταιρία, με πολύ διαδεμομένη χρήση – ποιος δεν χρησιμοποιεί το Google καθημερινά; – και βασικά ένα μονοπώλιο στα πεδία της, είχε ποτέ τέτοια εκθετικής μορφής άνοδο και σε τόσο βραχυπρόθεσμη περίοδο, όπως το Bitcoin το έτος 2017;
Ούτε για αστείο.
Και πως γίνεται και η χρήση του bitcoin δεν έχει διαδοθεί σημαντικά, διεθνώς; Δεν δημιουργήθηκε πέρσι ή το 2015 – δημιουργήθηκε το 2009. Σχεδόν μια δεκαετία πέρασε (το άρθρο έχει γραφτεί στα τέλη του 2017, ακριβώς πριν σκάσει η φούσκα του Bitcoin) και το bitcoin έχει μια μικροσκοπική και πολύ περιορισμένη χρήση, ως χρήμα.

12. Επιπλέον, η κεφαλαιοποίηση του Bitcoin (κεφαλαιοποίηση είναι για όσους δεν γνωρίζουν, η συνολική αξία τους, ήτοι πόσα bitcoin υπάρχουν, πολλαπλασιαζόμενα με την τιμή τους) έχει ξεπεράσει [Δεκ. 2017] παλαιές, ισχυρές και γιγαντιαίες επιχειρήσεις με πολύ ευρεία παρουσία, ισχυρά και χρήσιμα προϊόντα και υπηρεσίες, επιχειρήσεις με παρελθόν, παρόν και μέλλον. Έχει ξεπεράσει εταιρίες όπως η Wells Fargo, Wal-Mart, SHELL, VISA ... Intel ... Coca Cola...

Τώρα μόνο 11 εταιρίες έχουν μεγαλύτερη κεφαλαιοποίηση από το άχρηστο* bitcoin. Μπορείτε να πιστέψετε ότι το bitcoin είναι το δωδέκατο πιο πολύτιμο, πιο ακριβό «asset» στον σημερινό μας κόσμο; ... και εάν συνεχίσει να ανέρχεται (δηλαδή λίγο πολύ εάν φτάσει τα επίπεδα της κορυφής του το 2017 στα 20.000 δολάρια και την ξεπεράσει), θα γίνει το 11ο ακριβότερο asset παγκοσμίως, το 10ο ή 9ο πιο πολύτιμο κ.ο.κ.; Είναι ήδη μια *τεράστια τρέλα* και θα γίνει χειρότερη εάν συνεχίσει να πετάει.

(* άχρηστο, διότι πόση χρήση έχει ως πραγματικό χρήμα, και για συναλλαγές;)

Company	Market Cap
Apple	873.1
Alphabet	715.8
Microsoft	640.7
Amazon.com	531.0
Facebook	522.9
Alibaba Group	470.2
Berkshire Hathaway	461.8
Johnson & Johnson	374.2
JPMorgan Chase	355.6
Exxon Mobil	353.2
Bank of America	288.0
Bitcoin	278.6
Wells Fargo	276.7
Wal-Mart Stores	260.8
Royal Dutch Shell	258.8
Visa	251.5
Anheuser-Busch InBev SA/NV	237.4
Procter & Gamble	220.2
Chevron	219.6
Taiwan Semiconductor Manufacturing	219.5
Intel	213.8
Oracle	212.4
Pfizer	208.5
UnitedHealth Group	207.9
AT&T	206.6
China Mobile	206.6
HSBC Holdings	197.7
Coca-Cola	196.1

Θετικά Bitcoin:

1. Υπερβολική κερδοσκοπία (παγκοσμίως).

Το εν λόγω σημείο είναι ίδιο με αυτό των Αρνητικών. Στα Αρνητικά, ήταν αρνητικό λόγω της αντίθεσης του bitcoin σε σχέση με τα θεμελιώδη ενός πραγματικού νομίσματος, και την πραγματική δυνητική χρήση του. Εδώ, το ίδιο αυτό σημείο, έχει θετική χροιά, διότι αυτή η τεράστια κερδοσκοπία, έχει πολύ χώρο πιθανώς, για περαιτέρω επέκταση / ευκαιρίας βραχυπρόθεσμων κερδών – "αρπαχτών" μέσω trading.

2. Μπορεί (πιθανώς) να φουσκώσει πολύ περισσότερο πριν σκάσει, διότι τώρα, δεν είναι ακόμα αρκετά διαδεδομένο στον πληθυσμό όλου του πλανήτη μας.

Οι φούσκες συνήθως σκάνε, όταν ένα μεγάλο μέρος του πληθυσμού έχει εμπλακεί σε αυτά, τα βασικά τύπου Ponzi σχήματα. Για όσους δεν γνωρίζουν, το Ponzi, είναι ένα σχήμα που παράγει χρήμα, για όσο διάστημα μπαίνουν νέοι παίκτες σε αυτό: Εγώ που μπήκα στα σημερινά επίπεδα μετά από λίγο καιρό, μπορεί να λάβω π.χ. τα τριπλάσια χρήματα διότι στο μεταξύ μπήκαν και 'χρηματοδότησαν' αυτό το υψηλό κέρδος μου, τέσσερις νέοι παίκτες. Αυτοί με την σειρά τους, θα κερδίσει ο καθένας τους διπλάσια ή τριπλάσια χρήματα εάν για τον καθένα από αυτούς, μπει αντίστοιχα άλλη μια νέα τετράδα λίγο μετά – άρα 4 x 4 = 16 νέοι παίκτες – για να 'χρηματοδοτήσουν' με την σειρά τους τα μεγάλα κέρδη της προηγούμενης τετράδος κ.ο.κ., και η τιμή μπορεί να φτάσει έτσι στα 'ουράνια' έως ότου κάποια στιγμή, γίνει αυτό αντιληπτό και πόσο η φούσκα – άτυπο σχήμα Ponzi έχει ξεφύγει από την τυχόν πραγματική κατάσταση, και τότε σκάει με ολέθριες συνέπειες για όσους είναι εντός του σχήματος-φούσκας – χάνουν τα χρήματά τους.

Πόσοι πραγματικά χρησιμοποιούν bitcoins (σήμερα) στις συναλλαγές τους; Πόσοι πληρώνονται σε bitcoins; Πόσοι έχουν αποκτήσει bitcoins, ακόμα και μόνο για κερδοσκοπία; Φαίνεται λοιπόν, ότι δεν έχουμε ακόμα, το κρίσιμο μέγεθος που φτάνει μια φούσκα, που απαιτείται προκειμένου η φούσκα να σκάσει. Αλλά δεν θα πρέπει να αισθάνεστε ασφαλείς, διότι κάθε φούσκα, συμπεριφέρεται συχνά χαοτικά και με απρόβλεπτο τρόπο, και έχει και διαφορές σε σχέση με προηγούμενες.

Συγκρίνετε το Bitcoin με μια άλλη μεγάλη και επεκτεινόμενη τάση, με το Airbnb.

Το Airbnb, επίσης καινοτόμο, είναι πολύ, μα πολύ περισσότερο διαδεδομένο διεθνώς, και με μια εμφανή και σαφή χρησιμότητα και όφελος, συγκριτικά με το bitcoin.
Ωστόσο, το bitcoin έχει ξεπεράσει το airbnb, στο Google Trends [τέλη 2017], με time-frame τα τελευταία 5 έτη. Συνεπώς, το bitcoin με πολύ μικρότερη χρήση και αποδοχή, σε σχέση με το airbnb, φαίνεται να είναι τόσο πολύ φουσκωμένο...

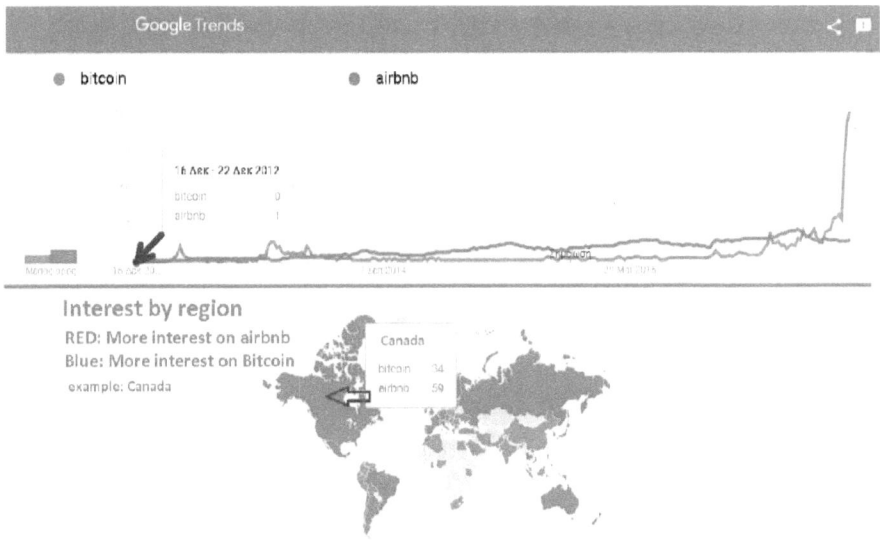

Chapter 2

Demolishing Bitcoin!

Written 31-05-2019

Bitcoin:

• They say it is a **currency / money**, but about ten years after its creation / launch, no real transactions are made in relation to total transactions globally. You guys, who support Bitcoin, do you buy a lot of things with bitcoins **or** with dollars or euros (real money)?

• It is not a satisfactory **mean of storing / reserving value**, because even the value of Bitcoin itself, is in dollars. If it was an important mean of storing / reserving value, the value of other things would be presented on bitcoins, which of course, is not happening (eg. this is happening with dollar or euro). More on this, its big volatility, does not let it to be a functional, mean of value storage.

- They say it is limited and non-inflationary. While basically true (there will be total 21 million bitcoins), however with its digital subdivisions, it is virtually unlimited.

- They say it is an **investment**, but neither is it, since we cannot consider an investment without a tangible / intangible asset and utility, such as the ones mentioned above (purchases mean, trading tool, value storage, etc.).

- They say it is **safe**, but there have been *plenty* of cases where electronic wallets and platforms / exchanges, that had bitcoins, were hacked, and bitcoins stolen and/or lost. Read the News.

- They say it is **decentralized and not controlled by the central banks**. So what? It might be, indeed, uncentralized and not controlled by the central banks. But when you have bitcoins, you will go to buy something, with real money (after changing your bitcoins into dollars / euros etc.), the governments can easily get you (in the final consumption stage) by putting checking mechanisms in the right places (stores, banks etc.). It is just a matter for every government, if wants to get you - and why not to want that? Suppose in theory that I had a lot of money in bitcoins, but I want to buy something, e.g. a car.

On the one hand, in order to buy a car, I need to change my bitcoins into dollars / euros, which I can hardly do without a bank. On the other hand, if the government wants to, either through the bank or through the point of sale of the product I want to buy, there may be an intervention, a checking mechanism / system, in which I will be called upon to justify *how* and *where* I obtained the money. If I cannot, guess what will happen next ... (taxation and fines).

The bottom line is that governments, if you have money (in bitcoins, dollars, euros or yuan, or gold or diamonds or whatever) can find you one way or another, as long as they want it. Technology and information and control systems, give them solutions.

So why the Bitcoin keeps exists, and occasionally inflating?

• Because **more and more people** who do not understand what Bitcoin is, and after hearing its supporters saying that it is tomorrow's currency, not inflationary and out of control of the central banks, **speculate on it**. That is, just pure speculation.

Speculation is fueled mainly by people all over the world who do not understand what Bitcoin is (or better what is not) and, of course, by young tech geeks who have bloat their minds, thinking that in blockchain technology, they have discovered a new virgin field with room for expansion like the internet, but those tech geeks, know almost nothing, are ignorant of the economy, stock markets, bubbles, tax authorities and their ability to create control systems, etc.

• Because it is the first of a theoretically promising technology (blockchain), and as usual, the first product, the pioneer of a new and interesting field, becomes more well known and gathers preferences of the audience/crowd.

• Because internet scammers and criminals from all over the world occasionally place their money into bitcoins. That is to say, this category of people often uses it, so there is a strong and systematic demand on their part.

Why Bitcoin at some point will be finally overcome?

A) If the wider blockchain technology is really useful and revolutionary (such as the internet that came, stayed and expanded), then many other competing and "smarter" digital/crypto/currencies would emerge, so the consumers, will focus on the newer and smarter currencies, and get rid of the old and 'outdated' bitcoin. Also, some colossal companies are already thinking about developing their own digital currency (like Facebook's Libra, although this seems not to proceed), which will obviously be controlled more or less by those companies, and serve their transactions. **In this case won't the bitcoin be erased and vanished?**

More on that, I recently (late 2019) read in articles that in Venezuela, a Country with its economy destroyed, Bitcoin Cash (BCH) is accepted more than the bitcoin (BTC); this development is important, I emphasize that I am talking for a destroyed Country, so whoever use cryptocurrencies, do not use them for speculation but use them as real alternative currencies, to buy and sell goods and services; BCH is a rival crypto-currency to our well known bitcoin (BTC) - so the assumption I made, is **in fact** proven to be reasonable (that other cryptocurrencies, will be better and surpass bitcoin).

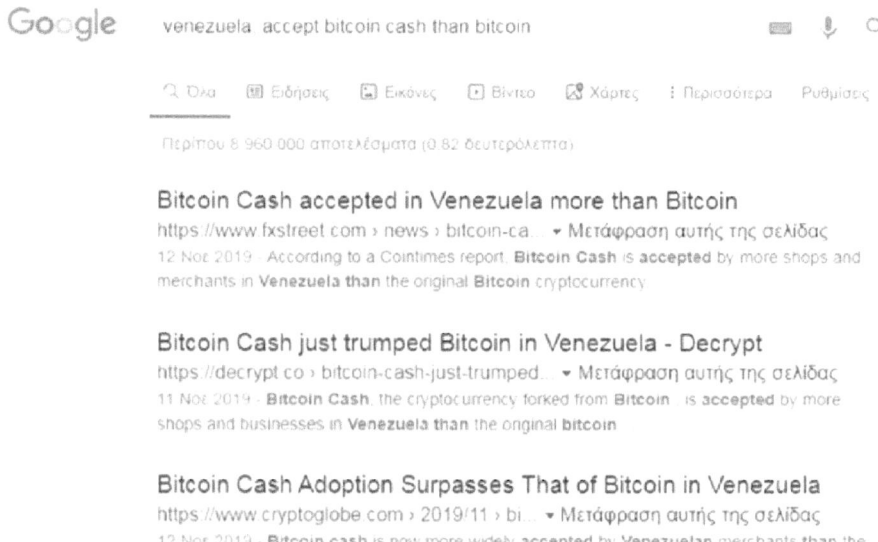

B) If the wider blockchain technology will be proved, not to be as useful and revolutionary as many think today, and it has not come to stay as it happened eg. with the internet, then obviously, all the cryptocurrencies (bitcoin too) will essentially disappear with it.

And things will evolve, logically, either as described in point A **or** as described in point B. And as I am thinking, another point of possible evolution, say C, **does not exist** and if there is, inform me about it and analyze to me, what could be another, different evolution.

So we logically find that **Bitcoin, in whatever way (A or B) will evolve, is doomed to shrink sharply, until it disappears** totally or mostly.

Κεφάλαιο 2
Αποδομώντας το Bitcoin!

Γραμμένο στις 31-05-2019

Το Bitcoin:

• Λένε ότι είναι **νόμισμα**, αλλά δέκα περίπου χρόνια από την δημιουργία του, δεν γίνονται συναλλαγές ουσιαστικές, σε σχέση με το σύνολο των συναλλαγών σε όλο τον πλανήτη. Εσείς που το υποστηρίζετε, αγοράζετε πολλά πράγματα με bitcoins ή μήπως με δολάρια ή ευρώ;

• Δεν είναι ικανοποιητικό **μέσο αποθήκευσης αξίας**, διότι ακόμα και η αξία του ιδίου, αποτυπώνεται σε δολάρια. Αν ήταν σοβαρό και σπουδαίο μέσο αποθήκευσης αξίας, η αξία άλλων πραγμάτων θα αποτυπώνονταν σε bitcoins, πράγμα που δεν συμβαίνει (π.χ. αυτό συμβαίνει με το δολάριο ή με το ευρώ). Επίσης η μεταβλητότητά του, οι συχνές μεγάλες διακυμάνσεις του, δεν το αφήνουν να γίνει.

• Λένε ότι είναι **περιορισμένο** και **μη πληθωριστικό**. Αυτό αν και βασικά είναι αλήθεια (θα υπάρξουν 21 εκατομμύρια συνολικά bitcoins), ωστόσο με τις ψηφιακές υποδιαιρέσεις του, είναι πρακτικά απεριόριστο.

• Λένε ότι είναι **επένδυση**, αλλά ούτε αυτό είναι, αφού νοείται επένδυση χωρίς ένα "χειροπιαστό" αντιληπτό asset (υλικό ή άϋλο) και χρησιμότητα, όπως τις προαναφερθέντες (μέσο συναλλαγής, μέσο αποθήκευσης και αποτύπωσης αξίας κ.λπ.);

- Λένε ότι είναι **ασφαλές**, αλλά έχουν υπάρξει πληθώρα περιστατικών που ηλεκτρονικά πορτοφόλια και πλατφόρμες και ανταλλακτήρια που είχαν bitcoins, χακαρίστηκαν, εκλάπησαν και χάθηκαν.

- Λένε ότι **δεν είναι ελεγχόμενο από τις κεντρικές τράπεζες**. Και λοιπόν; Μπορεί αυτό να μην είναι, αλλά όταν ενώ είχες bitcoins, πας να αγοράσεις κάτι, με πραγματικό χρήμα (δολάρια, ευρώ κ.λπ.), οι κεντρικές κυβερνήσεις μπορούν πολύ εύκολα να σε πιάσουν (στην τελική κατανάλωση) βάζοντας μηχανισμούς πόθεν έσχες. Αρκεί να το θέλουν, που είναι θέμα της κάθε κυβέρνησης. Υποθέστε θεωρητικά ότι εγώ είχα σε bitcoins πολλά χρήματα, αλλά θέλω να αγοράσω κάτι, π.χ. ένα αυτοκίνητο. Αφενός για να αγοράσω το αυτοκίνητο, θα πρέπει να ευρωποιήσω τα bitcoin μου, πράγμα που δύσκολα θα το καταφέρω χωρίς την μεσολάβηση κάποιας τράπεζας. Αφετέρου εάν η κυβέρνηση θέλει, είτε μέσω της τράπεζας, είτε μέσω του σημείου που θα πουλάει το προϊόν που θέλω να αγοράσω, μπορεί να υπάρξει παρέμβαση με την οποία θα καλούμαι να δικαιολογήσω το **πως και από που** βρήκα τα χρήματα. Εάν δεν μπορώ, μαντέψτε τι θα γίνει στη συνέχεια...

Η ουσία είναι λοιπόν ότι οι κυβερνήσεις, εάν έχεις χρήμα (σε bitcoins, σε δολάρια ή ευρώ ή γουάν ή σε χρυσό ή σε διαμάντια ή σε ό,τι άλλο) με τον έναν ή άλλον τρόπο μπορούν να σε βρουν, αρκεί να το θέλουν. Η τεχνολογία και τα συστήματα ελέγχου, τους δίνουν λύσεις.

Γιατί λοιπόν υπάρχει το Bitcoin και κατά καιρούς φουσκώνει;

- Επειδή πλήθος ανθρώπων που δεν καταλαβαίνουν το τι είναι, και που ακούνε τους υποστηρικτές του που λένε ότι είναι το νόμισμα του αύριο, που δεν πληθωρίζεται και είναι εκτός ελέγχου των κεντρικών τραπεζών, σπεκουλάρουν πάνω σε αυτό. Δηλαδή κερδοσκοπία στον 'αέρα'. Την κερδοσκοπία την τροφοδοτούν κυρίως, από όλο τον κόσμο, άνθρωποι που δεν κατανοούν τι είναι (ή καλύτερα τι δεν είναι) το Bitcoin και βεβαίως, νεαροί tech geeks, που τα μυαλά τους έχουν πάρει αέρα νομίζοντας ότι στην blockchain τεχνολογία, ανακάλυψαν ένα νέο πεδίο με περιθώρια επέκτασης σαν το internet, πιτσιρικάδες όμως που δεν ξέρουν σχεδόν τίποτα, έχουν άγνοια, από οικονομία, χρηματιστήρια, φούσκες, φορολογικές αρχές και δυνατότητες ελέγχου αυτών κ.λπ..

• Διότι είναι το πρώτο μιας θεωρητικά υποσχόμενης τεχνολογίας (blockchain), και ως συνήθως, το πρώτο προϊόν σε ένα πεδίο, γίνεται γνωστότερο και συγκεντρώνει τις προτιμήσεις του πλήθους.

• Επειδή διαδικτυακοί απατεώνες και εγκληματίες από όλο τον κόσμο, "παρκάρουν" περιστασιακά τα χρήματά τους, σε bitcoins. Αυτή η κατηγορία ανθρώπων δηλαδή, το χρησιμοποιεί συχνά, άρα εκδηλώνεται από την πλευρά τους, μια έντονη και συστηματική ζήτηση.

Γιατί κάποια στιγμή θα ξεπεραστεί οριστικά;

Α) Αν η ευρύτερη τεχνολογία του blockchain, είναι όντως χρηστική και επαναστατική (όπως ήταν π.χ. το internet που ήρθε, έμεινε και επεκτείνεται ολοένα περισσότερο), τότε θα παρουσιαστούν πολλά άλλα ανταγωνιστικά νομίσματα, και πιο έξυπνα, οπότε η όποια χρήση τους από πλευράς καταναλωτών, θα επικεντρωθεί στα νεότερα και εξυπνότερα, και θα αποτραβηχθεί από το παλαιό και 'ξεπερασμένο' bitcoin. Ήδη κάποιες εταιρείες κολοσσοί, έχουν σκέψεις για την ανάπτυξη κάποιου δικού τους ψηφιακού νομίσματος, που προφανώς θα ελέγχεται από τις ίδιες, και θα εξυπηρετούν τις συναλλαγές τους (όπως το project του Libra, στο οποίο πρωτοστάτησε το Facebook, αν και φαίνεται ότι εντέλει δεν θα τραβήξει ως εγχείρημα). **Δεν θα σβήσει σε αυτή την περίπτωση το bitcoin;**

Επιπλέον και πάνω σε αυτό, πρόσφατα (τέλη 2019) διάβασα σε άρθρα ότι στην Βενεζουέλα, μια χώρα με κατεστραμμένη οικονομία, το Bitcoin Cash (BCH) είναι αποδεκτό περισσότερο από το bitcoin (BTC). Αυτή η εξέλιξη είναι σημαντική, τονίζω ότι μιλάω για μια χώρα κατεστραμμένη, συνεπώς, όποιος χρησιμοποιεί κρυπτο-νομίσματα, δεν τα χρησιμοποιεί για κερδοσκοπία και πλουτισμό, αλλά τα χρησιμοποιεί ως πραγματικά εναλλακτικά νομίσματα, ως χρήμα, προκειμένου να αγοράσει αγαθά και υπηρεσίες. Το BCH είναι ένα κρυπτο-νόμισμα, ανταγωνιστικό προς το πολύ γνωστό μας bitcoin (BTC) – άρα η υπόθεση που έκανα, αποδεικνύεται **στην πράξη** ότι έχει λογική βάση (ότι άλλα κρυπτο-νομίσματα θα είναι καλύτερα και θα ξεπεράσουν το bitcoin, σε επίπεδο πρακτικής χρήσης).

Β) Αν η ευρύτερη τεχνολογία του blockchain, δεν είναι όπως θεωρείται από πολλούς, χρηστική και επαναστατική, και δεν ήρθε για να μείνει όπως συνέβη π.χ. με το internet, τότε προφανώς, όλα τα κρυπτο-νομίσματα θα εξαφανιστούν μαζί της.

Και τα πράγματα θα εξελιχθούν, εκ της λογικής, είτε όπως περιγράφονται στο σημείο Α είτε όπως περιγράφονται στο σημείο Β. Και άλλο σημείο πιθανής εξέλιξης, ας πούμε Γ, δεν υπάρχει και εάν υπάρχει, ας μου το πει και αναλύσει, κάποιος, όποιος το γνωρίζει.

Επομένως διαπιστώνουμε **ότι το Bitcoin, με όποιο τρόπο και εάν εξελιχθούν τα πράγματα** (Α ή Β), **είναι καταδικασμένο να συρρικνωθεί εντόνως, μέχρι και να εξαφανιστεί.**

Chapter 3
Bubbles and Bitcoins !

Written 6-06-2019

Some thing, an asset can be characterized as a bubble, when it inflates excessively and its price rises exponentially within a short period of time and is unjustified in relation to its current real value + its realistic future potential.

The underlying asset that has become a bubble can range from almost useless to quite useful. There is no rule, that a bubble must be only useless or only useful.

An **example** of a generally accepted as a **useless** asset that evolved into a bubble, the **tulips**: OK, it was and is a beautiful flower, but in 17th century, obtained such extreme high prices that could be sold for an entire house; no further comment is needed. However if we could travel back in 17th century, and ask all those who bought tulips and speculated on them (before the bubble burst), they would have answered in very imaginative ways, that tulips' rocket move, was justified and have real "value"…

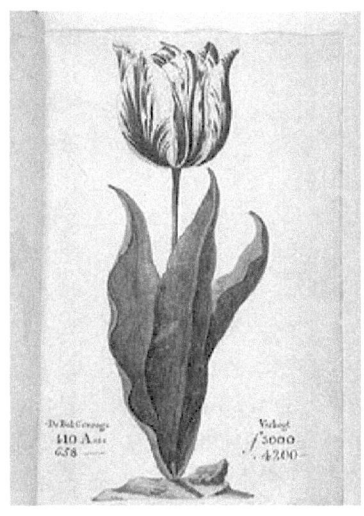

And now an **example** of a generally accepted **useful** asset that has evolved into a bubble, is the **Internet** (dot-com bubble). There is no doubt that the Internet is a great thing with a wide range of uses and functions. Today, even those people that in internet's initial time, were most skeptical on its prospects, are convinced about internet's great and wide uses. It is well-known the case of the, otherwise talented economist and Nobel laureate, Paul Krugman, who in the

early 90s, had "fought" against the Internet by telling that soon will die and will be overcome like fax machines.
By the end of the 90s, the stocks of Internet companies had gone to sky, and the bubble burst with painful consequences, especially for those people who bought at high prices. It's worth reminding you that back then, any company that was online, even just in words (scammers), was 'investing' in crowd's speculation and its stock was skyrocketing.
Admittedly, because the Internet as a technology had a substantial growth base, it seemed over time, it didn't fade off, but it still exists today, and indeed many of the companies that dealt seriously in internet's field, with smart and innovating ways, today are giants (e.g. Google).

In other words, a bubble can also be appeared also in useful assets. Simply, the useful assets, will not 'disappear', like tulip that essentially and as an (useless) asset, did disappeared.

Let us now go, to the biggest bubble of all time, the King of bubbles, the Bitcoin, as also other cryptocurrencies, that are popping up one after the other, growing, populating and expanding. Many cryptocurrencies, but no essential use…

Is Bitcoin useful?

And I don't mean theoretically because words are telling the most beautiful fairy tales. I mean in a practical way … a decade have passed since Bitcoin's launch and what has it shown?

The Internet in its first decade had shown a lot, and had convinced too many, even the skeptical ones, because it had already shown its utility. Bitcoin after a decade, what utility has it shown? But I explained these in the previous Chapter 2.

Bitcoin's supporters say various 'exotic' theoretical economo-technical arguments in order to convince the crowds. Theoretically, because it's been over a decade now and does anyone really see Bitcoin in his real life, practically and widely? I don't think so…

One of the first companies that was engaged in internet field, was CompuServe, one of the pioneers and yet today, who knows it? And it's definitely not Google ... and I give this example that has to do with the Internet sector, which has proven its growth potential.

In blockchain technology field, in which cryptocurrencies (and Bitcoin) are developing, which seems to me to be promising (as a sector, it may have some specialized uses), I still find it to be less promising than internet, comparing the growth and usability of their first decade (blockchain has much less growth and usability in its first decade than internet had in its first decade).

And what do some people say? That Bitcoin, the first of the cryptocurrencies, has come to stay and to live and reign and rule the world. **Where? In their imagination?** Because I, a decade later, don't see it anywhere **in practice**.

• So why Bitcoin is a bubble?

• Why, unlike other bubbles, Bitcoin is not dying, at least till now (late 2019)?

I explained it in previous Chapter 2.

Bitcoin by being an 'exotic' and, for many people, technologically incomprehensible, **bubble**, it occasionally fuels the following pattern: stabilization at certain price levels following a collapse, and returns to an upward movement, playing this pattern again and again... that is simple speculation and because it is happening worldwide, can be repeated several times. But this pattern, does not give value to Bitcoin; it is just interesting from speculative view.

If bitcoin had some real utility, when we would actually see this? It's been a decade already since its launch. In 20 years? In 30? **When?** I tell you: Never.

If Bitcoin was in any way really useful, it would have already shown (in its first decade); you would see it in practice, you would not need anyone to argue theoretically in favor of it.

So, at some point, people will realize that Bitcoin is basically useless, and then its value will go to nil and stay there.

At the moment, I just don't know how long this 'scenario' (of the revolutionary new form of money that will change the whole global financial system) will keep fueling periodically large speculative movements. These large speculative movements, which undoubtedly have ponzi-type characteristics.

Κεφάλαιο 3
Φούσκες και Bitcoins !

Γραμμένο στις 6-06-2019

Φούσκα μπορεί να χαρακτηριστεί κάτι όταν φουσκώνει υπέρμετρα και η τιμή του ανέρχεται εκθετικά εντός συντόμου χρονικού διαστήματος και είναι αδικαιολόγητο σε σχέση με την τρέχουσα αξία του, συν τις ρεαλιστικές μελλοντικές του προοπτικές.

Το υποκείμενο asset που έχει καταστεί φούσκα, μπορεί να είναι από σχεδόν άχρηστο έως αρκετά χρήσιμο. Δεν υπάρχει ένας κανόνας, ότι μια φούσκα πρέπει να είναι σώνει και καλά κάτι άχρηστο, ούτε όμως και κάτι χρήσιμο. Μπορεί να είναι οτιδήποτε από τα δύο.

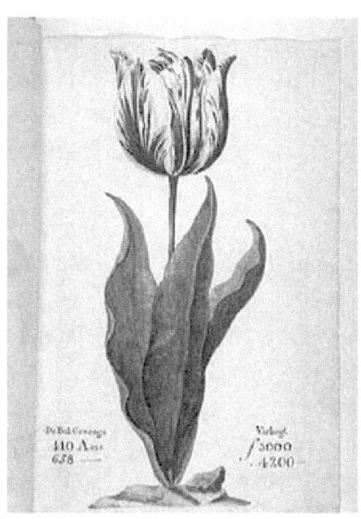

Παράδειγμα ενός κατά γενικής ομολογίας **άχρηστου** asset, που εξελίχθηκε σε φούσκα, οι **τουλίπες**: ΟΚ, όμορφο λουλούδι, αλλά να φτάσει στο σημείο στον 17ο αιώνα, να πωλείται όσο ένα σπίτι, δεν χρειάζεται περαιτέρω σχολιασμό, παρόλο που στον 17 αιώνα, από αυτούς που το αγόραζαν και σπεκούλαραν σε αυτό, θα βρίσκονταν πολλοί που αν τους ρωτούσες θα επιχειρηματολογούσαν με διάφορους απίθανους τρόπους, για την "αξία" του και το δικαιολογημένο της πυραυλικής του κίνησης...

Παράδειγμα ενός κατά γενικής ομολογίας **χρήσιμου** asset, που εξελίχθηκε σε φούσκα, το **ίντερνετ** (dot com bubble). Δεν χωράει αμφιβολία ότι το ίντερνετ είναι κάτι σπουδαίο και με εύρος χρήσεων και λειτουργιών. Σήμερα έχει πειστεί μέχρι και ο πιο δύσπιστος σε σχέση με τις προοπτικές του, όπως π.χ. ο γνωστός και κατά τα άλλα ικανότατος και ευφυέστατος νομπελίστας οικονομολόγος Paul

Krugman, ο οποίος είχε καταφερθεί εναντίον του ίντερνετ. Στα τέλη της δεκαετίας των '90s, οι μετοχές των εταιρειών που ασχολούνταν με το ίντερνετ, είχαν πάει στα ουράνια και βέβαια η φούσκα έσκασε με οδυνηρές συνέπειες, ιδίως για όσους είχαν μπει προς τα υψηλά της. Αξίζει να σας θυμίσω ότι τότε, όποια εταιρεία δήλωνε ιντερνετική, ακόμα και μόνο στα λόγια (απατεώνες δηλαδή), οι επενδυτές έτρεχαν να σπεκουλάρουν σε αυτήν και η μετοχή της γίνονταν πύραυλος. Βεβαίως επειδή το ίντερνετ ως τεχνολογία είχε μια ουσιαστική βάση ανάπτυξης, που φάνηκε με τον καιρό που πέρασε, δεν έσβησε, αλλά εξακολουθεί και υπάρχει, και μάλιστα πολλές από τις εταιρείες που ασχολήθηκαν πραγματικά με αυτό, σοβαρά, έξυπνα και καινοτομώντας, σήμερα είναι κολοσσοί (π.χ. Google).

Με άλλα λόγια, φούσκα μπορεί να σημειωθεί και σε χρήσιμα assets. Απλώς τα χρήσιμα, δεν θα 'εξαφανιστούν' όπως ουσιαστικά ως asset, εξαφανίστηκε η τουλίπα.

Ας πάμε τώρα στην μεγαλύτερη φούσκα όλων των εποχών, στον Βασιλιά των Φουσκών, το Bitcoin (όπως αναπτύξαμε σε προηγούμενο κεφάλαιο) αλλά και τα άλλα κρυπτονομίσματα που ξεφυτρώνουν το ένα μετά το άλλο, και αυξάνονται και πληθύνονται.

Έχει το Bitcoin χρησιμότητα;

Και δεν εννοώ θεωρητικά διότι *με τα λόγια λέγονται τα ωραιότερα παραμύθια.* Πρακτικά λοιπόν... Υπάρχει εδώ και μια δεκαετία και τι έχει δείξει; Το ίντερνετ στην δική του πρώτη δεκαετία, είχε δείξει πολλά, και είχε πείσει πάρα πολλούς, σχεδόν όλους για τις χρησιμότητές του (γιατί είχε ήδη δείξει). Το Bitcoin μετά από μια δεκαετία, τι χρησιμότητα έχει δείξει; Έχουμε πει αρκετά γι' αυτό, στα προηγούμενα δύο κεφάλαια.

Οι υποστηρικτές του προκειμένου να πείσουν, λένε διάφορα 'εξωτικά' θεωρητικά επιχειρήματα. Θεωρητικά διότι έχει περάσει ήδη μια δεκαετία και **βλέπει αλήθεια κανείς, το Bitcoin στην ζωή του πρακτικά και ευρέως;**

Μία από τις πρώτες εταιρείες που ασχολήθηκαν με το ίντερνετ, ήταν η CompuServe, από τις πρωτοπόρες και όμως σήμερα, ποιος την ξέρει; Και σίγουρα δεν είναι Google... Και δίδω αυτό το παράδειγμα που έχει να κάνει με τον τομέα του ίντερνετ, που έχει αποδείξει την αναπτυξιακή του δυναμική.

Στο χώρο της τεχνολογίας blockchain, εντός της οποίας παίζουν τα κρυπτονομίσματα (και το Bitcoin), η οποία δείχνει, κατά την άποψή μου, υποσχόμενη (για ανάπτυξη ορισμένων εξειδικευμένων χρήσεων βασισμένων σε αυτήν), ωστόσο θεωρώ ότι είναι σαφώς ολιγότερο από αυτή του ίντερνετ, συγκρίνοντας την ανάπτυξη και χρηστικότητα της πρώτης τους δεκαετίας (η του blockchain έχει πολύ μικρότερη ανάπτυξη και χρηστικότητα στην πρώτη του δεκαετία από ό,τι είχε αντίστοιχα, στην πρώτη του δεκαετία το ίντερνετ). Και τι λένε κάποιοι; Ότι το Bitcoin, το πρώτο των κρυπτονομισμάτων, ήρθε για να μείνει και θα ζει και θα βασιλεύει και τον κόσμο κυριεύει. **Πού; Στην φαντασία τους;** Διότι εγώ, μια δεκαετία μετά, δεν το βλέπω πουθενά **στην πράξη**.

• Γιατί λοιπόν το Bitcoin είναι φούσκα;

• Γιατί εν αντιθέσει με άλλες φούσκες, το Bitcoin δεν 'πεθαίνει', τουλάχιστον προς το παρόν;

Το εξήγησα στο προηγούμενο Κεφάλαιο 2.

Το ότι είναι μια 'εξωτική' και για πολλούς ακαταλαβίστικη (από τεχνολογικής απόψεως) φούσκα, τροφοδοτεί κατά καιρούς, το ακόλουθο pattern, που όμως δεν του δίδει αξία: την σταθεροποίηση του σε ορισμένα επίπεδα τιμών μετά από μια κατάρρευση, και επανέρχεται σε ανοδική κίνηση, παίζοντας ξανά και ξανά, απλό speculation, που επειδή είναι σε παγκόσμιο επίπεδο, μπορεί να παίξει αρκετές φορές, να επαναληφθεί.

Όμως **πότε**, εάν είχε το bitcoin ουσιαστική χρησιμότητα, **θα την διαπιστώσουμε πρακτικά;** Ήδη έχει περάσει μια δεκαετία. Σε 20 χρόνια; Σε 30; **Πότε;**

... **ποτέ σας λέω**. Αν ήταν από οποιαδήποτε άποψη ουσιαστικά χρήσιμο, σε μια δεκαετία θα είχε ήδη δείξει· θα το βλέπατε οι ίδιοι στην πράξη, δεν θα χρειαζόσασταν κανέναν να επιχειρηματολογήσει θεωρητικά υπέρ του.

Κάποια στιγμή λοιπόν, ο κόσμος θα καταλάβει ότι είναι άχρηστο, και τότε θα πάει η τιμή του στα τάρταρα και θα παραμείνει εκεί.

Απλώς, προς το παρόν, δεν γνωρίζω πόσο θα κρατήσει αυτό το 'σενάριο' που τροφοδοτεί περιοδικά μεγάλες ανοδικές speculative κινήσεις, που έχει, αναμφισβήτητα σε αυτές τις ανοδικές του κινήσεις χαρακτηριστικά – όχι μόνο αλλά και – ponzi σχήματος.

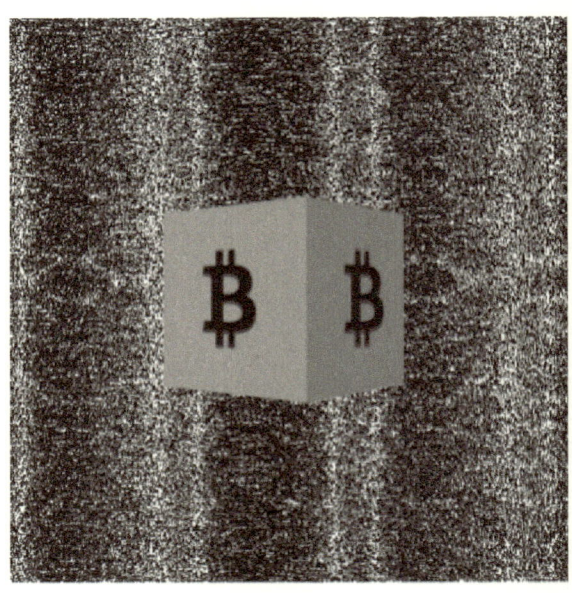

Chapter 4
Some facts on Bitcoin

Written 27-06-2019

How many Bitcoins have been created (mined) till today (mid of 2019)?

It is estimated that the number of Bitcoin that have been created, is about 17.8 million.

Having in mind that will be created totally 21 million Bitcoins and then, end… so up to day, have been 'mined' approximately 85% of all Bitcoins that can exist.

And despite the approach of its ceiling (21 million), and despite its decade of existence, that is to say, despite the apparent rarity of Bitcoin, to date, the actual use of the Bitcoin as a currency - because they say it is a (crypto)currency - does not exist and everyone knows, that you cannot buy things with bitcoins.

So as a currency, Bitcoin is useless or better, *non-existent* because how you can call something called a currency, when you cannot make purchases with it?

Do you believe that with the remaining 3.2 million bitcoins left to be mined, that there will suddenly be something – compared to today's nothing – like a 'revolution' or 'revelation' and the world will start using extensively and massively, Bitcoins? Does this 'development' seems reasonable to you?

If you think that this kind of 'development' seems reasonable, then OK, no problem, buy Bitcoins, after all, is the money, the real money, euros or dollars that **you** will give to get Bitcoins.

They say, Bitcoin is safe.

a. Is it safe when it is estimated that around 3 to 4 million bitcoins, have been lost, and permanently disappeared? We talking about 14.3% (minimum) up to 19% (maximum) of the total bitcoin that can exist (21 million) – all these lost bitcoins, are due to lost private keys, Satoshi's locked coins, and due to the HODLer's death. This situation, doesn't look "attractive" to me.

b. Furthermore, certainly 850,000 bitcoins have been stolen at 'famous' Mt. Gox hack, and another 120,000 bitcoins were stolen from Bitfinex in 2016, totaling 970,000 bitcoins. And the thefts have not stopped, nor can we even know how many more thefts happened (eg privately), something that increases the number of stolen bitcoins. I don't think that this is safe.

In this point it is useful to mention the Enigma machine. Have you heard it? The Enigma was an encryption device, that the Nazis, back in the II World War, were proud of, to be unbreakable. This typewriter-like device, gave an advantage to German army – because a war can be won if you have an advantage in information's transmission. But whatever is encrypted (like bitcoin and other real crypto-currencies) can crack and break – if you have the necessary methods, systems and tools. Fortunately, Alan Turing, broke the Enigma, and this was a crucial contribution in favor of Allies: they knew the Nazis' moves and they were well-prepared; this development helped to end the War sooner, and saved thousand or even millions of lives.

Now, have you heard about quantum-computers that big organizations and companies build, at present time? Recently [October 2019], Google announced that its quantum-computer was able to perform a calculation in 200 seconds which would have taken the world's most powerful supercomputer about 10,000 years! Can you imagine the processing power of quantum-computers? And you still think that the encryption method of bitcoin – and other cryptocurrencies too – is safe and secure?

If the above data/facts, to date, troubles you, think about what might happen 'tomorrow' with hackers' abilities enforced and improved by the rapidly developing and powerful Artificial Intelligence… If you think that this 'environment' is a secure one, go on and place your (real) money on bitcoin…

And what's left for Bitcoin? … it is left, that some people, in our days, they use Bitcoin as a mean to preserve value, for difficult times, as something that can secure theirs money value, if the real money like dollar or euro, inflating and lose purchasing power or as a shield against a strong and deep recession, etc: You 'place' your (real) money into bitcoins, you keep it in bitcoin form for as long you want, and when you think it's the right time, you change the bitcoins, again, into whatever real money you prefer (dollars, euros, yen etc.).

Yet, exactly the same utility and function, has also <u>gold</u>, but:

• Gold is very rare and cannot be copied (eg. in a technical way) and that is a fact, tested in thousand years of use; on other hand, the bitcoin is a digital product – Are you sure that as a digital product, that now or in the future, it will not be able to be copied?

• Gold does not getting corrupt and spoiled and destroyed by years or by natural or non natural disasters (fires, floods, hurricanes, prolong electric power blackouts, nuclear explosions etc), while a computer, a hard disk, a memory stick or a 'wallet', all of them for storing bitcoins, can be spoiled and destroyed, very easily, and definitely, much more easier than gold.

• Gold has been tried and tested in real condition and in real life, for about 6 thousand years; thousands of years have passed and its use to date, has not been limited.

• Gold was used as currency until recently and also has value in any currency, but also without, that is to say, that I can trade a gold bar with some goods, without to use fiat money (it is a matter of a bilateral agreement), because gold has a very wide acceptance; On other hand, bitcoins cannot do the same, without the mediation of physical / fiat money (euros, dollars).

So, the gold by the above 'views', have increased utility, and is by far superior to Bitcoin.

Further, none of Bitcoin's supporters can determine its fair value, a method of calculating its real, intrinsic value. **No one**. Wondering why? May be because it has none (zero)?

Bitcoin is just speculation; it is the King of Bubbles, as described in Chapter 1, and as a King, Bitcoin is hard to die, but eventually will die.

Only a fool will compare bitcoin to gold.

Κεφάλαιο 4
Μερικά Δεδομένα για το Bitcoin

Γραμμένο στις 27-06-2019

Πόσα Bitcoins έχουν δημιουργηθεί (mined) έως σήμερα (μέσα 2019);

Υπολογίζεται ότι ο αριθμός τους, ανέρχεται σε περίπου 17,8 εκατ. BTC. Δεδομένου ότι θα δημιουργηθούν συνολικά 21 εκατ. BTC και μετά τέρμα, σήμερα λοιπόν έχει 'εξορυχτεί' ποσοστό που προσεγγίζει το 85% του συνόλου BTC που μπορεί να υπάρξουν.

Και παρά την προσέγγιση του ανωτάτου ορίου, και παρά την δεκαετία ύπαρξής του, παρά δηλαδή την όλη διαφαινόμενη σπανιότητα του BTC, έως σήμερα, πραγματική χρήση του BTC ως νόμισμα, διότι δηλώνει (κρυπτο)νόμισμα, δεν έχει υπάρξει και το γνωρίζει ο καθένας σας, ότι δηλαδή <u>δεν μπορείτε</u> να αγοράσετε πράγματα με BTC.

Συνεπώς ως νόμισμα, το BTC είναι άχρηστο ή θέτοντάς το λίγο καλύτερα, *ανύπαρκτο* διότι πως αλλιώς να καλέσεις κάτι που καλείται νόμισμα, αλλά δεν κάνεις τελικά συναλλαγές με αυτό; Εάν είχες ένα κατσαβίδι, και δεν μπορούσες με αυτό να βιδώσεις ή ξεβιδώσεις βίδες, αλλά για να το καταφέρεις θα χρειαζόσουν π.χ. έναν μετατροπέα, θα έλεγες αυτό το εργαλείο ποτέ ότι είναι κατσαβίδι και μάλιστα χρήσιμο;

Μήπως πιστεύετε και σας φαίνεται λογικό, με τα άλλα περίπου 3,2 εκατ. BTC ου απομένουν να εξορυχτούν (να δημιουργηθούν), ότι θα γίνει ξαφνικά από το σημερινό ουσιαστικό τίποτα, κάποια 'επανάσταση' και ο κόσμος θα αρχίσει να χρησιμοποιεί ευρέως, BTC;
Αν αυτό νομίζετε, ΟΚ, κανένα πρόβλημα, αγοράστε BTC, δικά σας είναι τα χρήματα, τα πραγματικά χρήματα, τα ευρώ ή δολάρια που

θα δώσετε για να αποκτήσετε BTC, μπορείτε εάν θέλετε και να τα κάψετε.

Λένε ότι το BTC είναι ασφαλές.

α. Είναι ασφαλές όταν έχουν χαθεί δια παντός, έχουν εξαφανιστεί, περί των 3 με 4 εκατομμυρίων BTC; Μιλάμε για ποσοστό 14,3% (ελάχιστο) με 19% (μέγιστο) του συνόλου των bitcoins που θα υπάρξουν (21 εκατ.);

β. Επιπλέον, σίγουρα έχουν κλαπεί 850.000 BTC στην Mt. Gox hack, άλλα 120.000 BTC από την Bitfinex το 2016, που μας αθροίζουν 970 χιλιάδες BTC. Και οι κλοπές δεν έχουν σταματήσει, ούτε επίσης μπορούμε να γνωρίζουμε όλες όσες έχουν συμβεί (π.χ. ιδιωτικά), που μπορεί το μέγεθος να είναι αθροιστικά, μεγαλύτερο από αυτό που σας είπα. Αυτό δεν μου φαίνεται ως ασφαλές.

Σε αυτό το σημείο, είναι χρήσιμο να αναφέρουμε την συσκευή Enigma (από την ελληνική λέξη, Αίνιγμα). Την έχετε ακούσει;

Η Enigma ήταν μια συσκευή κρυπτογράφησης, για την οποία οι Ναζί, πίσω στο Β΄ Παγκόσμιο Πόλεμο, ήταν περήφανοι, ότι δεν μπορούσε να 'σπάσει' (τα μεταδιδόμενα με αυτήν μηνύματα) και ήταν απολύτως ασφαλής. Αυτή η συσκευή που έμοιαζε με γραφομηχανή, έδιδε πλεονέκτημα στον γερμανικό στρατό – διότι ένας πόλεμος μπορεί να κερδηθεί εάν έχεις πλεονέκτημα στην μετάδοση των πληροφοριών.

Αλλά ό,τι κρυπτογραφείται (όπως το bitcoin και άλλα πραγματικά κρυπτο-νομίσματα) μπορεί να 'σπάσει' και να αποκρυπτογραφηθεί – εάν έχεις τις απαραίτητες μεθόδους, συστήματα και εργαλεία. Ευτυχώς, ο Alan Turing, 'έσπασε' την Enigma, και αυτό ήταν μια κρίσιμη συμβολή υπέρ των Συμμάχων: πλέον γνώριζαν τις κινήσεις των Ναζί και ήταν καλά προετοιμασμένοι –η εξέλιξη αυτή οδήγησε στον τερματισμό του Πολέμου συντομότερα, και έσωσε χιλιάδες ίσως και εκατομμύρια ζωές.

Τώρα, έχετε ακούσει για τους κβαντικούς υπολογιστές (quantum-computers) που μεγάλοι οργανισμοί και εταιρίες κατασκευάζουν; Πρόσφατα [Οκτώβριος 2019], η Google ανακοίνωσε ότι ο κβαντικός υπολογιστής που αναπτύσσει, είναι σε θέση να εκτελέσει έναν υπολογισμό σε 200 δευτερόλεπτα ο οποίος θα είχε πάρει στους σημερινούς υπερυπολογιστές στον κόσμο, περί των 10.000 ετών! ... ναι καλά διαβάσατε – εάν θέλετε ψάξτε το στο google... Μπορείτε να φανταστείτε λοιπόν την υπολογιστική ισχύ των κβαντικών υπολογιστών; Και εξακολουθείτε να πιστεύετε ότι η μέθοδος κρυπτογράφησης του bitcoin – και άλλων πραγματικών κρυπτονομισμάτων επίσης – είναι ασφαλής, 'άσπαστη' και σίγουρη;

Εάν τα παραπάνω **δεδομένα**, έως και σήμερα – μην σκέφτεστε τι μπορεί να συμβεί 'αύριο' με την βελτίωση των δυνατοτήτων των hackers με την βοήθεια της γοργά αναπτυσσόμενης και πανίσχυρης Τεχνητής Νοημοσύνης – σας φαίνονται ότι περιγράφουν ένα περιβάλλον ασφαλές, κανένα πρόβλημα από πλευράς μου, τοποθετηθείτε λοιπόν στην 'ασφάλεια' αυτή, δικά σας χρήματα είναι (τα αληθινά εννοώ)...

Μένει στο Bitcoin, το ότι κάποιοι έως σήμερα, το χρησιμοποιούν ως μέσο αποθήκευσης αξίας, για δύσκολες περιόδους κλπ.: 'Παρκάρεις' τα (κανονικά) σου χρήματα σε BTC, τα κρατάς εκεί, και όταν θελήσεις, τα αλλάζεις σε όποιο πραγματικό νόμισμα θέλεις.

Μα την ίδια χρησιμότητα έχει και ο <u>χρυσός</u>, ο οποίος όμως:

• Είναι σπανιότατος και δεν μπορεί να αντιγραφεί· το BTC ως ψηφιακό είδος, είστε σίγουροι ότι τώρα ή στο μέλλον, δεν θα μπορεί να αντιγραφεί;

• Δεν φθείρεται, που να συμβεί πυρηνική καταστροφή, ενώ ένας Η/Υ ή μια συσκευή 'πορτοφόλι' για BTC, μπορεί να καταστραφεί πολύ εύκολα.

• Είναι δοκιμασμένος εδώ και 6 χιλιάδες χρόνια, που ο άνθρωπος τον χρησιμοποιεί και με τα χιλιάδες χρόνια που πέρασαν, η χρήση του έως και σήμερα, δεν περιορίστηκε.

• Χρησιμοποιούνταν ως νόμισμα μέχρι πρόσφατα και ο ίδιος (ο χρυσός) έχει αξία σε οποιοδήποτε νόμισμα, αλλά και χωρίς, δηλαδή κάποιος μπορεί να πει, ότι ανταλλάσσω μια ράβδο χρυσού με αυτά και αυτά τα πράγματα, χωρίς δηλαδή την διαμεσολάβηση χρήματος· το BTC μπορεί να το κάνει αυτό, χωρίς την διαμεσολάβηση του φυσικού χρήματος (ευρώ, δολάρια);

Εν ολίγοις, ο χρυσός σε αυτή την 'οπτική' και χρησιμότητα, υπερτερεί εν πολλοίς ως προς το BTC.

Κανένας εκ των υποστηρικτών του BTC, δεν μπορεί να καθορίσει μια δίκαιη αξία αυτού, μια μέθοδο προσδιορισμού του fair value, της εσωτερικής του αξίας. **Ουδείς**. Αναρωτιέστε γιατί; Μήπως επειδή δεν έχει καμία (μηδέν);

Το BTC είναι σκέτο speculation· είναι ο Βασιλιάς των Φουσκών (όπως περιγράψαμε στο Κεφάλαιο 1) και ως Βασιλιάς αυτών, είναι hard to die / πολύ σκληρός για να πεθάνει, αλλά τελικά θα πεθάνει.

Η δε σύγκρισή του με τον Βασιλιά της διατήρησης αξίας, τον χρυσό, είναι για ανόητους – ο Βασιλιάς των Φουσκών, να συγκρίνεται με τον Βασιλιά της διατήρησης της αξίας (χρυσό).

Chapter 5
Bitcoin: So revolutionary and awesome!

Written July 26th, 2019

Hypothetical Questions:

• What if, someone back in the '80s had told you, that Windows are the best and revolutionary computer system, but imagine that Bill Gates didn't use it?

• What if, someone told you that the Mac is the best computer, but imagine that Steve Jobs didn't use it?

• What if, someone told you that TESLAs are revolutionary cars, but imagine that Elon Musk didn't use the TESLA cars?

The (common) answer in the above hypothetical questions is that in these cases, the Windows, Mac or TESLAs, if their creators wouldn't use them, obviously they would not have any special use and value; in this case they wouldn't good products; but because in reality they have use and special features and they are good products, they do use them.

When I heard about Bitcoin, it's been three years now (late 2016, early 2017), and because I have no bias in everything new, I started studying it, obviously to see if this new thing is worthing. No matter how much I have studied, I have not been convinced, and I have studied a lot, and I have spent hours and hours with interactive discussions with its supporters.

I had reached a point where I said, "*What's happening? Am I a stupid and I do not understand?*", but on the other hand, I immediately thought that "*How do I understand all other things? Why this inability to understand occurs only with Bitcoin?*".

So, after some time, I formed the view that Bitcoin is not really something special, and the only interesting about it, is the bubble, from which, if you buy at 'low' levels and sell at higher ones, you can get a very good profit, even though I do not do it (I don't buy something when I think is a bubble). When I realize that something **is** a bubble, I avoid it because otherwise I can get emotionally involved (due to possible short-term high profits) that separates you from logic, you think that you'll get rich, as you think you found the *once in a lifetime* opportunity to get rich, but sooner or later the bubble pops, and you lose all your money.

Those who support Bitcoin, and I talk with them, they usually end up in the argument that *I do not understand it*. But I thought: *Do I really do not understand it? Maybe just this one? So let aside my view and let's go to the one or* **those who understand it better and deeper than** *anyone else,* **and** see and examine **their** *behaviors*. And **who can know Bitcoin better**, but those **pioneers** who discovered it, those who created it and they are, *de facto*, very familiar with it. And I mean the programmers, hackers and tech geeks that back in 2010, they created this Bitcoin or even if they didn't created, but learned about it when BTC was in its initial stages. And those pioneers (tech geeks, programmers and hackers) know better than anyone else, what Bitcoin is, how is created, what you can do with it, what is its potential etc.

My thought was that **if they**, those tech pioneers, believed in Bitcoin's revolutionary potential, *they would strongly accumulated it*.

Common sense tells us that if they were among Bitcoin's designers or not, but they listened and learned about it in its very early stages, all these tech geeks that understood very early that BTC was so pioneering and with so great potential and revolutionary etc, (the classic bitcoiners argument), if anything, knowing all this awesome prospects, they would start accumulation of Bitcoins through mining process (that back in 2010 and 2011, was much easier) or / and buy all the bitcoins they could find, and of course they wouldn't sell not even one of their precious BTC possessions, not even once time.

So Let's see…

From the webpage

https://bitinfocharts.com/top-100-richest-bitcoin-addresses.html

which has the largest bitcoin wallets in value, the bigger 100 wallets, I see that the big majority has made the first insert (acquiring) of Bitcoin since 2017, that is, to date (it is the column that says **First in**, with the arrow). On the list of the 100 biggest bitcoin wallets in value, I see that from the two years 2010 and 2011, exist only eight (8). Eight per cent. Again for emphasis: 8 out of 100.

#	Address	Balance	%	First in	Last in	Ins
6	1FeeXV6bAHb8ybZjgQMjircCrHGWJsb6uF	79,957 BTC ($791,609,489 USD)	0.4483%	2011-03-01 12:26:19	2019-07-23 13:25:59	294
28	12ib7dApVFvg02TXKycWBNpN0xFyiAN1dr	31,000 BTC ($306,913,556 USD)	0.1738%	2010-05-13 11:22:36	2019-07-23 13:25:59	90
29	336xGpGweq1wfY4xRTuA4w6dTyDkBU9czU	30,268 BTC ($299,661,403 USD)	0.1697%	2016-04-07 10:52:18	2019-07-23 13:25:59	6227
30	121kqA9x3oowkzoERHMWNKsTevS5YEBqkv	28,151 BTC ($278,707,145 USD)	0.1578%	2010-04-06 01:47:07	2019-07-23 13:25:59	85
46	1PeizMg76Cfi6nUQrYg8xuoZWLQozU5zGW	19,414 BTC ($192,210,918 USD)	0.1089%	2010-07-24 15:16:11	2019-07-23 13:25:59	61
90	1Hm9vfrEX7Gyp2Nhi3McQ34PnLDHGrCq	11,000 BTC ($108,904,569 USD)	0.06168%	2019-06-03 02:51:45	2019-07-03 10:55:06	4
91	3D15CByuFRMYPfpfEP6FJH1GkAqE6F1oG	10,960 BTC ($108,506,639 USD)	0.06145%	2018-01-12 17:35:43	2019-07-23 13:25:59	30
92	3MWqopfzxgojEAah6PMZoZPdJPUTuyTpan	10,910 BTC ($108,015,201 USD)	0.06117%	2018-05-15 10:03:54	2019-07-23 13:25:59	18
93	33ZNlyx5Z6CMktULK7ENvcKKxFNCzGJv5vG	10,886 BTC ($107,768,067 USD)	0.06103%	2018-07-06 13:17:44	2019-07-23 13:25:59	19
94	1F34duy2eeMz5mSrvFepvZn7Y1rBsnAyWC	10,771 BTC ($106,632,676 USD)	0.06039%	2011-08-09 01:14:47	2019-07-23 13:25:59	38
95	19Te6hzGFSbnyomVYqzG2kpBmAJYyk×5Yv	10,268 BTC ($101,632,243 USD)	0.05756%	2018-12-01 05:07:36	2019-07-18 22:25:19	53
96	1L5D4Eq2RkEKuN717Gc817MH1Sxs5WwMQn	10,250 BTC ($101,483,945 USD)	0.05747%	2019-01-22 10:28:20	2019-06-18 15:39:33	26
97	1f1mYFQWTzdLiCBxtHrinNWTWAWPUccr	10,009 BTC ($99,095,856 USD)	0.05612%	2011-05-04 05:10:49	2019-07-23 13:25:59	43
98	3E5B5iQbDjUL471PEed9vZDvICSck9btBLkD	10,002 BTC ($99,021,388 USD)	0.05608%	2019-01-22 01:53:48	2019-06-18 15:39:33	5
99	1KbrSKrT3GeFnLTnYYUSQ35JwKbrAWJYm	10,000 BTC ($99,004,299 USD)	0.05607%	2011-04-03 01:18:45	2019-07-23 13:25:59	50
100	12tLs9c9RsALt4ockxa1hB4iTCTSmxj2me	10,000 BTC ($99,004,262 USD)	0.05607%	2011-04-03 00:08:32	2019-07-23 13:25:59	36

What does this mean? (though I imagine you understand it because it's simple logic)

Back in years 2010 and 2011, only the best pioneers, e.g. programmers, hackers and tech geeks, the crème de la crème, knew bitcoin. **The pioneers that always are a step ahead from others**, 'common' (average) tech geeks, programmers and hackers. Those pioneers knew earlier than anyone else, the outstanding potential of this new technology (blockchain), of this creation (Bitcoin). **IF it has**.
Because <u>**if it has not**</u>, they would probably have sold any bitcoins that may have acquired for any reason, in this early time. And in other hand, if they were convinced about Bitcoin's revolutionary potential (that will crash the whole financial system and will prevail, as today's bitcoiners say), then they should have buy as many Bitcoins as they could, in years 2010 and 2011, when Bitcoin prices were, at a range of a few cents up to a few dollars. But if they weren't convinced, then *why to buy something, even if it is nearly free and very cheap, if it has nothing special, nothing revolutionary?* ... so, of no high value?

The **fact** that in the **List of 100 bigger Bitcoin wallets**, <u>cannot</u> find many that exist since 2010 or 2011, **it means only this** (with common sense): That those pioneers that had found / discovered Bitcoin in its early stages, they finally didn't evaluated it high. We are talking for the people that were **pioneers**, that know better the bitcoin than anyone else. The only **logical answer** is that they didn't appreciated it because it has no special value; maybe it has some use under some circumstances, but that's it, nothing more. And **that's why**, in ten (10) years that have passed since its creation, we don't see Bitcoin in our everyday life. It's not a currency and can never become, it has not wide use.

If Bitcoin had some special (high) value and great potential, then these early pioneers that knew BTC since 2010, would have buy *more* and *more* and *more* bitcoins and they wouldn't sell; so we could find in the List of 100 bigger Bitcoin wallets, most of them to be from 2010 and 2011 and having much more bitcoins than they have today (the wallets, would be bigger and richer).

I have those wallets (among the 100 bigger) that exist since the years 2010 and 2011, with dark green outline. **The 'richer' is positioning 6th**, with 79,957 BTC or equal in today's $791.6 million; and being followed in **28**th position with 31,000 BTC or $306.9 million, in **30**th position with 28,151 BTC or $278.7 million, and so on, as you can see yourselves.

Thus, the basic argument of today's Bitcoin's supporters, who say to those who are opposed (like me), that *they do not understand it*, it is abolished, it is cancelled. Because those who today, say to us that we are opposed, that we do not understand Bitcoin, they cannot know Bitcoin better and in more depth, than the pioneers who created Bitcoin or discovered it in its early stages, and as a rule, choose to ignore it (they didn't buy it and didn't accumulate it when it cost only a few cents or a few bucks). And anyone can see the **facts** and **data**, as described; whoever chose to ignore them, he's acting frivolously and senseless, but it is **his** money that risks to lose; so, it is his problem.

Κεφάλαιο 5
Bitcoin, τόσο 'φοβερό' που ούτε οι πρωτοπόροι και ψαγμένοι με αυτό, δεν το εκμεταλλεύθηκαν!

Γραμμένο στις 24-07-2019

Όταν άκουσα για το Bitcoin, πάει τώρα καμιά 3ετία, ίσως και 4 χρόνια, και ακριβώς επειδή με κάθε τι καινούργιο, δεν έχω καμιά προκατάληψη, άρχισα να το μελετάω, προφανώς για να δω εάν αυτό το καινούργιο πράγμα αξίζει.

Όσο και να μελέτησα, την αξία του μέχρι σήμερα δεν την έχω δει, δεν έχω πεισθεί δηλαδή, και ας έχω μελετήσει τόσο, και ας έχω δαπανήσει ώρες και ώρες με διαδραστικές συζητήσεις με τους υποστηρικτές του.

Είχα φτάσει σε κάποιο σημείο που έλεγα «*Τι γίνεται; Χαζός είμαι και δεν καταλαβαίνω;*», από την άλλη όμως σκεφτόμουν άμεσα ότι «*Όλα τα άλλα πως και τα καταλαβαίνω; Γιατί η αδυναμία κατανόησης να εντοπίζεται μόνο στα του Bitcoin;*».

Έτσι, σιγά – σιγά, διαμόρφωσα την άποψη ότι το Bitcoin τελικά δεν είναι κάτι το ιδιαίτερο, και το μόνο ενδιαφέρον, έχει ως φούσκα, από την οποία εάν τοποθετηθείς σε χαμηλά επίπεδα και πουλήσεις σε υψηλότερα, μπορείς να αποκομίσεις ένα έως και πολύ καλό κέρδος, ασχέτως ότι εγώ δεν το κάνω, διότι όταν διαπιστώσω ότι κάτι είναι φούσκα, το αποφεύγω.

Και το αποφεύγω διότι αλλιώς, μπορεί να εμπλακώ συναισθηματικά (λόγω πιθανών βραχυπρόθεσμων υψηλών κερδών) που σου στερούν την λογική, μένεις μέσα για να πλουτίσεις επειδή βρήκες την once in a lifetime ευκαιρία για να πλουτίσεις, και αργά η γρήγορα που η φούσκα σκάει, χάνεις όλα τα κεφάλαιά σου.

Αυτοί που υποστηρίζουν το Bitcoin, όσο και να συζητώ μαζί τους, συνήθως καταλήγουν στο επιχείρημα, ότι (εγώ) *δεν το καταλαβαίνω*. Όμως, εγώ σκέφτηκα και λέω: *Μήπως και όντως δεν το καταλαβαίνω; Έστω, μόνο αυτό; Ας πάω λοιπόν σε αυτόν ή αυτούς που το καταλαβαίνουν καλύτερα και σε περισσότερο βάθος από όλους. Και ποιος μπορεί να γνωρίζει καλύτερα το Bitcoin; Μα ποιος άλλος από τους πρωτοπόρους που το ανακάλυψαν, αυτούς που εκ των πραγμάτων, θα είναι πολύ ψαγμένοι.*

Σκέφτηκα λοιπόν – αυτά είναι κοινή λογική – και είπα, θα ψάξω να βρω **εάν οι πρωτοπόροι που το δημιούργησαν και το ανακάλυψαν, που προφανώς, γνωρίζουν καλύτερα από όλους τους άλλους, τις δυνατότητες και προοπτικές του Bitcoin, πιστεύοντας σε αυτό, το συσσωρεύουν**.

Η κοινή λογική μας λέει ότι εφόσον σχεδίαζαν, αν ανήκαν στους σχεδιαστές του ή άλλοι που δεν το σχεδίασαν, αλλά άκουσαν γι' αυτό και ως tech geeks και hackers κατάλαβαν ότι ήταν τόσο πρωτοποριακό και με τόσες δυνατότητες και επαναστατικό κλπ., το οποίο θα κλονίσει σε λίγα χρόνια το κατεστημένο χρηματοοικονομικό σύστημα (κλασικό επιχείρημα των bitcoiners), **αν μη τι άλλο, γνωρίζοντας όλη αυτή την φοβερή προοπτική, θα άρχιζαν και θα συσσώρευαν για λογαριασμό τους Bitcoins**, θα τα έκαναν εξόρυξη **και θα αγόραζαν**, τότε που ήταν πάμφθηνο (το 2010 και 2011) και βεβαίως, δεν θα πουλούσαν με τίποτα τα πολύτιμα αποκτήματά τους.

Για να δούμε λοιπόν...

Από την Σελίδα
https://bitinfocharts.com/top-100-richest-bitcoin-addresses.html
που έχει αναλυτικά τα στοιχεία με τα **μεγαλύτερα,** σε **αξία, bitcoin wallets** (πορτοφόλια bitcoins), στα **100 μεγαλύτερα**, βλέπω ότι η συντριπτική πλειοψηφία έχει κάνει την πρώτη εισαγωγή, από το 2017 και μετά, δηλαδή έως σήμερα (είναι η στήλη που λέει First in, με το βελάκι).

Στη Λίστα με τα 100 μεγαλύτερα σε αξία bitcoin wallets, βλέπω ότι από την διετία 2010 και 2011, **μόλις οκτώ** (8) **υπάρχουν**. Οκτώ στα εκατό. Ξανά για έμφαση: 8 στα 100.

Τι σημαίνει αυτό;
(αν και φαντάζομαι ότι το καταλαβαίνετε διότι είναι απλή λογική)

Το 2010 και 2011 μόνο πολύ ψαγμένοι γνώριζαν το bitcoin. Αυτοί ήταν οι πρωτοπόροι και ως πρωτοπόροι, γνώριζαν και γνωρίζουν, καλύτερα την φοβερή δυνατότητα της τεχνολογίας αυτής, αυτού του δημιουργήματος. **ΑΝ έχει**.

Διότι **εάν ΔΕΝ έχει**, προφανώς θα είχαν πουλήσει και θα είχαν αδειάσει τα bitcoin τους νωρίς (αν είχαν κιόλας αποκτήσει) ή απλά, παρόλο που το 2010 και 2011 οι τιμές του bitcoin ήταν εξαιρετικά μικρές, δεν θα αγόραζαν διότι γιατί να αγοράσουν κάτι, έστω κι αν είναι τζάμπα, εάν δεν έχει τίποτα ιδιαίτερες δυνατότητες;

Το γεγονός, ότι στην Λίστα των εκατό μεγαλύτερων bitcoin wallets, δεν βρίσκουμε πολλά που να είναι από το 2010 ή 2011, **ένα πράγμα σημαίνει**, με την λογική: ότι οι πρωτοπόροι που το είχαν ανακαλύψει από τότε, αυτοί οι πολύ ψαγμένοι με τα τεχνολογικά κ.λπ., **δεν του έδωσαν και ιδιαίτερη σημασία**.
Γιατί; Διότι δεν είχε.

Εάν είχε, θα βλέπαμε στην Λίστα με τα 100 μεγαλύτερα bitcoin wallets, να υπήρχαν πολλά και όχι μόνο οκτώ, που να ήταν από το 2010 και 2011. Και θα ήταν πολύ περισσότερο φορτωμένα, με περισσότερα δηλαδή bitcoins.

#	Address	BTC (USD)	%	First in	Last	Count
6	1FeexV6tAHb8ybZjqQMjJrcCrHGW9sb6uF	79,957 BTC ($791,609,489 USD)	0.4483%	2011-03-01 12:26:19	2019-07-23 13:25:59	294
28	12ib7dApVFvg82TXKycWBNpN6kFyiAN1di	31,000 BTC ($306,913,556 USD)	0.1738%	2010-05-13 11:22:38	2019-07-23 13:25:59	90
29	336xGpGweq1wtY4kRTuA4w6d7yDkBU9cZU	30,268 BTC ($299,661,403 USD)	0.1697%	2016-04-07 10:52:18	2019-07-23 13:25:59	6227
30	12tkqA8xSoowkzoERHMWNKsTey35YEBqkv	28,151 BTC ($278,707,145 USD)	0.1578%	2010-04-06 01:47:07	2019-07-23 13:25:59	85
46	1PeizMg76Cf96nUQrYg8xuoZWLQozU5zGW	19,414 BTC ($192,210,918 USD)	0.1089%	2010-07-24 15:16:11	2019-07-23 13:25:59	61
90	1Hm9vfrEX7Gyjz2Nhi3McQ34PryLDHGrCq	11,000 BTC ($108,904,569 USD)	0.06168%	2019-06-03 02:51:45	2019-07-03 10:55:08	4
91	3D15C8yuPRiMYPfptEP6EJH1GkAqE6F1cG	10,960 BTC ($108,506,639 USD)	0.06145%	2018-01-12 17:35:43	2019-07-23 13:25:59	30
92	3MWqbpfzxgojEAah6PMZoZPdJPUTuyTpan	10,910 BTC ($108,015,201 USD)	0.06117%	2018-05-15 10:03:54	2019-07-23 13:25:59	18
93	33ZNtyx5Z5CMkULX7ENvcKKxFNCzGJv5vQ	10,886 BTC ($107,768,067 USD)	0.06103%	2018-07-06 13:17:44	2019-07-23 13:25:59	19
94	1F34duy2eeMz5mSrvFepVzy7Y1rBsnAyWC	10,771 BTC ($106,632,676 USD)	0.06039%	2011-08-09 01:14:47	2019-07-23 13:25:59	38
95	19Te6NzGFSbryomVYqzG2kpBmAJYykx5Yv	10,265 BTC ($101,632,243 USD)	0.05756%	2018-12-01 05:07:36	2019-07-18 22:25:19	53
96	1L5O4Eq2RkEKuN717Gc817MH1Sxs5WwMQn	10,250 BTC ($101,483,945 USD)	0.05747%	2019-01-22 10:29:20	2019-06-18 15:39:33	26
97	1f1mYFQWTzdLiCBxtHHnNiWTWAWPiJrcr	10,009 BTC ($99,095,856 USD)	0.05612%	2011-05-04 05:10:49	2019-07-23 13:25:59	43
98	3E5B5QbDjUL471PEed9vZDwCSck9btBLkD	10,002 BTC ($99,021,388 USD)	0.05608%	2019-01-22 01:53:48	2019-06-18 15:39:33	5
99	1KbrSKrT3GeEruTuuYYUSQ35JwKbrAWJYm	10,000 BTC ($99,004,299 USD)	0.05607%	2011-04-03 01:18:45	2019-07-23 13:25:59	50
100	12tLs9c9RsALt4ockxa1hB4iTCTSmxj2me	10,000 BTC ($99,004,262 USD)	0.05607%	2011-04-03 00:08:32	2019-07-23 13:25:59	36

Αυτά που είναι από το 2010 και 2011, τα έχω με πράσινη περιγράμμιση. Το 'πλουσιότερο' είναι στην **6η** θέση, με 79.957 BTC ή ισοδύναμο σε δολάρια [Ιούλιος 2019] $791,6 εκατ.. Και ακολουθούν στην **28η** θέση με 31.000 BTC ή $306,9 εκατ., στην **30η** θέση με 28.151 BTC ή $278,7 εκατ. κ.ο.κ., όπως μπορείτε να δείτε μόνοι σας. Δεν χρειάζεται να μακρηγορώ εγώ περιγράφοντάς τα.

Αν δεν πίστεψαν στο bitcoin, αυτοί που το γνώρισαν από πολύ νωρίς, αυτοί οι τόσο πρωτοποριακοί και ενήμεροι, σε μια εποχή που η τιμή του ήραν πολύ χαμηλή, θα το πιστέψετε εσείς, σήμερα, που η τιμή του ανέρχεται σε πολλές χιλιάδες δολάρια;

Chapter 6
Is Bitcoin a bubble??? ... Nah!

Written 1-08-2019

I have analyzed if bitcoin is a bubble or not, in Chapter 1.

But I wrote supplementary this article, in response to this article entitled "How much Bubble Bitcoin Is" (the article that supports Bitcoin, basically argues that is not a bubble because more and more big funds are looking at Bitcoin, invest or trade it; the article is in greek but you can read it in the link below, by using google translate (or the automatic translation, that web-browsers have):

https://www.euro2day.gr/investments/crypto/article/1692674/einai-foyska-to-bitcoin.html).

So I answer the basic arguments of this Bitcoin's supportive article:

• How can Bitcoin be considered a bubble when it succeeded a new record in years 2011, 2013 and 2017? The (other) bubbles so far, whenever they popped, they never went up again.
My answer:
The other bubbles so far, whenever they popped, they never went up again? As a rule yes, but this in not absolute: there are exceptions. For example, the Athens Stock Exchange General Index, experienced a bubble in 1988 but also in 1990 and 1999 (see image). Usually when this occurs, the first bubble is a minor one and the second is the major; the first intensive upward move in a short time horizon is a preliminary bubble of a next one, that will be much larger and massively (like in earthquakes that sometimes and in a calm area, we have a relative small earthquake, and a quite larger one follows, after some time). Of course we know this with certainty, when the major bubble appears (like in earthquakes).

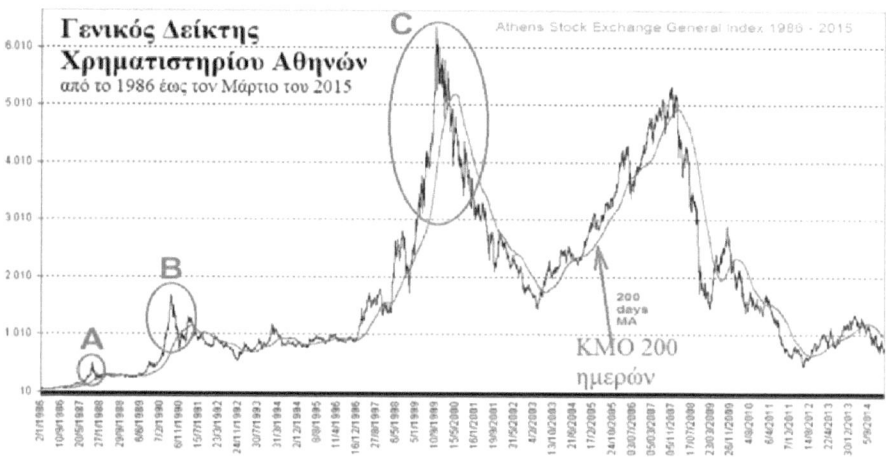

As we can see from the graph, the Athens Stock Exchange General Index, experienced a bubble in years 1988, 1990 and 1999 (pointed by A, B, C). Those moves were definitely bubbles, as the index diverged a lot from the 200 days Moving Average (the smoother line) – see the steep and strong upward moves / exponential rise, in a short time horizon.

More on that, internet was also a bubble that burst in year 2000 and collapsed (dot-com bubble), but was a much wider bubble; but of course, internet didn't disappeared and still exists and it is very useful and has, great growth potential yet. But in year **2000**, internet was definitely a big **bubble** in stock market.

So an asset being a bubble, does not mean that the asset is necessarily useless. It may be useless, so when the bubble bursts, in other words, when the market realize the asset's useless, the asset can vanished, but the asset may be useful and in this case, the asset will keep existing and has its course.

An example of a useful asset that was in bubble, was the dot.com mania, when in the late '90s, stocks of internet companies, were skyrocketing (as the cryptos do similarly today), and the internet stocks had back then, surpass the sensible and justified valuations from the real rapid growth of the (internet) field. Back then, the cause (of the bubble) was the development of excessive, stupid expectations. The expectations at the time were, of this type:

1 – *Is it an internet company? Then in the next decade, its profits* **will** *skyrocket in the heaven of super profits, so we buy its share, in any price*!

See now, also the general "rationale" for bitcoin and cryptocurrencies today:

2 – *Bitcoin* **will** *be imposed by people as a world currency, central banks cannot control it, it has a limited amount / quantity of coins* (it will reach 21 million BTCs and that's it; no more); *thus, its price will go at, $50 thousand says a bitcoiner, $100 thousand says the other bitcoiner, $500 thousand says another one, and a more bitcoin enthusiast is targeting the $1 million*.... In other words and short, every bitcoiner says as much as he likes / or as imagine, but **no one**, is explaining **how** and **why** it is worth the price it claims. And the ignorant and fools, when they smell profits and especially, in a short time horizon, are attracted like the flies to honey, and go and *buy bitcoins at any price*!

Do you see the similarities on the above two "rationales" / reasonings? Do you think there is a substantial difference in any of the two - driven by speculation - reasonings [above points (1) and (2)]?

• **If there was a problem / flaw with Bitcoin, they** (its developers) **would have found it for so many years** (bitcoin exists for a decade). **We are not living in the age of telegraph or tulip. Today the information is transferred in nanoseconds.** [The author here, that supports Bitcoin, argues that Bitcoin is basically perfect / flawless]

My answer:
Precisely because today, information indeed, is transferred in nanoseconds, and Bitcoin was not created 'yesterday', but a whole

decade ago, and while it exists for ten years, it has no widespread use, not even close, so it turns out to be **useless**. And what, can be a bigger and more substantial problem, for any thing, than being substantially and broadly useless?

Exactly because Bitcoin has no broad and meaningful use at present time, there is speculation about what WILL become in the future ... in the next decade ...

But if today, information is transmitted instantly and indeed eg. *on cryptocurrencies speculation, all information, rumors, etc. are widespreading immediately in the market and play their role, in the manifestation of this up to date, periodic crypto bubble*, while in the field of practical applications, the cryptos generally and Bitcoin specifically, exist for ten years and however, there have not been created such practical apps?

The answer is obviously that the international community, all over the world, does not lack in terms of comprehension / perception and ability to find ways of adopting widespread applications based on Bitcoin and other cryptocurrencies.

The international community, the computer scientists etc, are not stupid, **but how to use something that has no real utility?** You cannot.

Bitcoin's supporters tell us that the first decade was not enough, but a second one is needed, in which bitcoin will really impress us! Bitcoiners certainly do not explain why the first decade was not enough, when, here, the author and bitcoin's supporter, argued for the speedy transmission of information, as also of the knowledge in general, that transmitted rapidly.

And I also answer that it's nice to have dreams, as long as they don't hurt your pocket / wallet. But in any case, what everyone is doing with his money, is his own business.

- **Bitcoin's course to the top, was not accidental. The entrance (positioning) of Wall Street's Funds in Bitcoin, is the just the peak of the iceberg.**

My Answer:

And I am wondering, why the positioning of big Funds on bitcoin or / and other cryptocurrencies, make them valid or give them prestige and "weight"?

It is useful to recall in our memory that in the years before 2008, big funds - similarly - got in to structured / subprime bonds, derivatives, collateralized debt obligations (CDOs) and credit default swaps (CDS), in other words, in complicated and / or toxic financial products, and **ended up in the collapse of 2008**. So the big funds and because they aim to maximize their profit, "push" their executives to be and act more greedy, when they see something that can offer a good profit, **no matter how risky can this be**.

More on that, the supporters of bitcoin do not agree: some they are saying that this institutional involvement will have detrimental impact, while others find this development bullish for bitcoin; those who disagree and find this development negative, they think so, because they believe that bitcoin will become not censorship-resistant as it is today, and so, bitcoin will lose one of its basic and 'positive' features, and thus, will have a bad impact on its price and value.

Speaking about the emerging interest of big funds for bitcoin, Mike Novogratz, Former Macro Manager / Fortress Investment Group, said: "This [bitcoin] is going to be the largest bubble of our lifetimes … Prices are going to get way ahead of where they should be. You can make a whole lot of money on the way up, and we plan on it."

Κεφάλαιο 6
Είναι φούσκα το bitcoin;;; ... Μπααα!

Γραμμένο στις 1-08-2019

Στο Κεφάλαιο 1 αλλά και αλλού συμπληρωματικά, ανέφερα αναλυτικά εάν το bitcoin είναι φούσκα ή όχι.

Το παρόν κεφάλαιο / άρθρο, το έγραψα **συμπληρωματικά**, ως απάντηση σε αυτό το άρθρο με τίτλο «Πόσο φούσκα είναι το Bitcoin», που θα το βρείτε στο ακόλουθο link:

https://www.euro2day.gr/investments/crypto/article/1692674/einai-foyska-to-bitcoin.html

Απαντάω λοιπόν στα βασικά του επιχειρήματα:

• Πώς είναι δυνατόν να θεωρηθεί φούσκα κάτι που έκανε νέο ρεκόρ και το 2011 και το 2013 και το 2017; Οι μέχρι τώρα φούσκες, όποτε έσκαγαν, δεν ξαναανέβαιναν.

Απάντηση:
Οι μέχρι τώρα φούσκες, όποτε έσκαγαν, δεν ξαναανέβαιναν; Σαν κανόνας ναι, αλλά αυτό δεν είναι απόλυτο: υπάρχουν εξαιρέσεις. Για παράδειγμα, ο Γενικός Δείκτης του Χρηματιστηρίου Αθηνών, παρουσίασε φούσκα το 1988, το 1990 και το 1999 (δείτε το γράφημα πιο κάτω). Συνήθως όταν συμβαίνει κάτι τέτοιο, η πρώτη φούσκα είναι μικρή και η δεύτερη αρκετά μεγαλύτερη. Η πρώτη έντονη ανοδική κίνηση βραχυπρόθεσμα είναι μια πρόδρομος φούσκα, αυτής που θα ακολουθήσει, η οποία θα είναι αρκετά πιο μεγάλη και μαζική από πλευράς συμμετοχής κόσμου (όπως στους σεισμούς που μερικές φορές και σε μια ήρεμη σεισμικά περιοχή, γίνεται ένας σχετικά μικρός σεισμός και ακολουθεί ένας αρκετά ισχυρότερος, μετά από κάποιο καιρό). Φυσικά γνωρίζουμε αυτό με βεβαιότητα, αφού παρουσιαστεί η μεγάλη και βασική φούσκα (όπως στους σεισμούς).

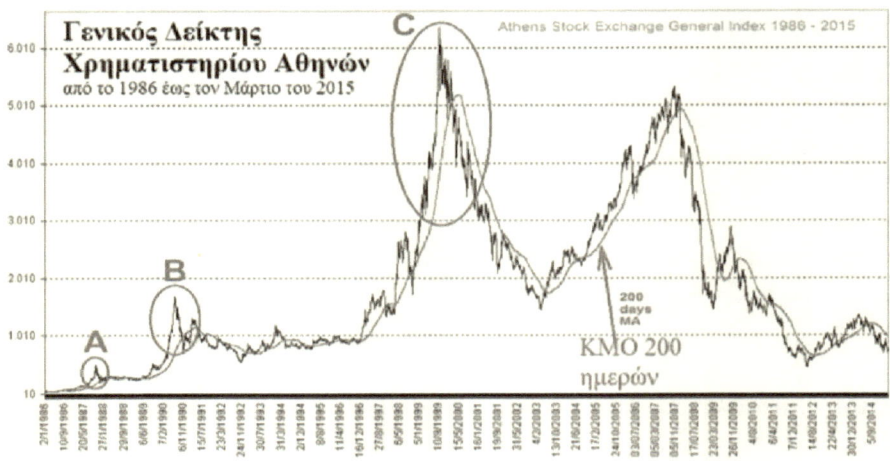

Όπως μπορούμε να δούμε από το γράφημα, ο Γενικός Δείκτης του Χρηματιστηρίου Αθηνών, βίωσε φούσκες τα έτη 1988, 1990 και 1999 (που σημειώνονται με A, B, C). Αυτές οι κινήσεις ήταν σαφώς φούσκες, καθώς ο Δείκτης απέκλεινε σημαντικά από τον Κινητό Μέσο Όρο 200 ημερών (η απαλότερη γραμμή) – δείτε τις έντονες και δυνατές ανοδικές κινήσεις-εκθετικές ανόδους, σε βραχύ ορίζοντα, ενδεικτικές φούσκας.

Επιπλέον, και το ίντερνετ ήταν φούσκα που έσκασε το 2000, πολύ ευρύτερη όμως (dot-com bubble). Το ίντερνετ βέβαια δεν εξαφανίστηκε και εξακολουθεί να είναι πολύ χρήσιμο και με σπουδαίες προοπτικές. Όμως **το 2000 ήταν** χρηματιστηριακά **φούσκα**.

Φούσκα λοιπόν δεν σημαίνει ότι ένα asset είναι αναγκαστικά άχρηστο. Μπορεί να είναι άχρηστο, οπότε εάν σκάσει η φούσκα, δηλαδή όταν η αγορά αντιληφθεί συνολικά την μη χρησιμότητά του, μπορεί να εξαφανιστεί, μπορεί όμως να είναι και χρήσιμο, οπότε σαν asset να εξακολουθήσει να υπάρχει και να έχει την εξελικτική του πορεία.

Σε αυτή την δεύτερη περίπτωση, βάζουμε την φούσκα dot.com καθώς στα τέλη της δεκαετίας του '90, οι ιντερνετικές μετοχές, πετούσαν (όπως κάνουν και τα κρυπτονομίσματα σήμερα), έχοντας υπερκεράσει τις αποτιμήσεις που θα δικαιολογούνταν, από την έστω έντονη ανάπτυξη του κλάδου ή και πολλών από αυτές τις εταιρίες. Τότε έφταιγε η ανάπτυξη, υπερβολικών, ανόητων προσδοκιών. Οι τότε προσδοκίες, ήταν του σκεπτικού:

1 – *Είναι ιντερνετική εταιρία; Τα κέρδη της στην επόμενη δεκαετία* **θα** *εκτοξευθούν στον ουρανό, οπότε τρέχουμε και την αγοράζουμε όσο – όσο!*

Δείτε τώρα και το γενικό σκεπτικό στο bitcoin και κρυπτονομίσματα, σήμερα:

2 – *Το bitcoin* **θα** *επιβληθεί ως παγκόσμιο νόμισμα, οι κεντρικές τράπεζες δεν μπορούν να το ελέγξουν, έχει περιορισμένη ποσότητα* (θα φτάσει ως τα 21 εκατ. BTC), *οπότε η αξία του θα φτάσει, τα $50 χιλιάρικα* λέει ο ένας bitcoiner, *τα $100 χιλιάδες* λέει ο άλλος bitcoiner, *τα $500 χιλιάδες* λέει ο παράλλος bitcoiner, και ο παραπαράλλος λέει *το $1 εκατ....* Εν ολίγοις, ο καθένας bitcoiner λέει όσο θέλει, χωρίς κανείς, να εξηγεί το **πως** και **γιατί** αξίζει αυτή την τιμή που ισχυρίζεται. Και οι αδαείς, που όταν οσφραίνονται κέρδη και δη καλά και σε σύντομο χρονικό διάστημα, ελκύονται σαν τις μύγες από το μέλι, πάνε και *αγοράζουν όσο – όσο τα bitcoins*!

Στα δύο παραπάνω σκεπτικά, τις ομοιότητες τις βλέπουμε νομίζω, και έχω βάλει με bold, το κοινό **θα**. Υπάρχει λοιπόν ουσιώδης διαφορά σε κάποιο εκ των δύο παραπάνω σκεπτικών (1) και (2);

• Αν υπήρξε κάποιο πρόβλημα στο Bitcoin, θα το είχαν βρει τόσα χρόνια. Δεν ζούμε στην εποχή του τηλέγραφου ή των τουλιπών. Σήμερα οι πληροφορίες μεταφέρονται σε νανοδευτερόλεπτα.

Απάντηση:
Ακριβώς επειδή σήμερα, οι πληροφορίες μεταφέρονται σε νανοδευτερόλεπτα, και το bitcoin δεν δημιουργήθηκε χθες, αλλά προ δεκαετίας, και ενώ έχουν περάσει δέκα χρόνια, δεν έχει καμία ευρεία χρήση, αποδεικνύεται περίτρανα, ότι είναι **άχρηστο**. Και βέβαια τι μεγαλύτερο και ουσιαστικότερο πρόβλημα, για οποιοδήποτε πράμα, από το να είναι ουσιαστικά και ευρέως, άχρηστο; Ακριβώς επειδή δεν έχει σήμερα, καμία ευρεία και ουσιαστική χρησιμότητα, γίνεται speculation για το τι **ΘΑ** γίνει στο μέλλον... στην προσεχή δεκαετία...

Όμως αν οι πληροφορίες σήμερα μεταδίδονται σε χρόνο dt και πράγματι π.χ. στο θέμα της κερδοσκοπίας των κρυπτονομισμάτων, όλες οι πληροφορίες, φήμες κ.λπ., μαθαίνονται άμεσα και παίζουν τον ρόλο τους στην εκδήλωση αυτής της μέχρι σήμερα, περιοδικής φούσκας, γιατί σε αυτό το πεδίο η διάδοση της πληροφορίας γίνεται τόσο τάχιστα ενώ στο πεδίο των πρακτικών εφαρμογών και ευρείας χρήσης, έχουν περάσει δέκα χρόνια και δεν έχει υπάρξει;

Η απάντηση προφανώς είναι, ότι δεν στερείται η διεθνής κοινότητα, σε όλοοοον τον κόσμο, την αντιληπτική ικανότητα και δυνατότητες του να βρει τρόπους για την υιοθέτηση ευρέων εφαρμογών με το bitcoin και λοιπά κρυπτονομίσματα. Δεν είναι ανόητη η διεθνής κοινότητα, αλλά **πως** να χρησιμοποιήσεις κάτι που δεν έχει ουσιαστική χρησιμότητα; Δεν μπορείς.

Οι bitcoiners μας λένε ότι δεν αρκούσε η πρώτη δεκαετία, αλλά απαιτείται και δεύτερη, στην οποία δεύτερη, το bitcoin θα σκίσει! Βεβαίως δεν μας εξηγούν γιατί η πρώτη δεκαετία δεν αρκούσε, όταν, να εδώ, ο συγγραφέας και υποστηρικτής των bitcoins, επιχειρηματολόγησε για την τάχιστη μετάδοση των πληροφοριών, δηλαδή και της γνώσης γενικότερα.

Εγώ απαντάω, ότι είναι ωραίο να έχει κάποιος όνειρα, αρκεί αυτά να μην βλάπτουν την τσέπη του. Αλλά σε κάθε περίπτωση, το τι θα κάνει ο καθένας με τα χρήματά του, είναι δική του υπόθεση.

• Η πορεία του Bitcoin προς την κορυφή δεν έγινε τυχαία. Η είσοδος των μεγάλων θεσμικών της Wall Street αποτελεί την κορυφή του παγόβουνου.

Απάντηση:
Επειδή μπαίνουν μεγάλες εταιρίες στο bitcoin ή γενικότερα και στα άλλα κρυπτονομίσματα, τους δίδει κύρος;

Και την περίοδο προ του 2008 οι μεγάλες εταιρίες και funds έμπαιναν σε δομημένα ομόλογα, σε παράγωγα κλπ, και κατέληξαν στην κατάρρευση του 2008. Οι μεγάλες δηλαδή εταιρίες, επειδή στοχεύουν στο κέρδος, και τα στελέχη τους συχνά πυκνά διακρίνονται και διακατέχονται από απληστία, όταν δουν κάτι που υπόσχεται καλό κέρδος, σπεύδουν να το υιοθετήσουν ακόμα και εάν είναι επικίνδυνο κ.λπ..

Φερειπείν, ο Mike Novogratz, γνωστό μεγαλοστέλεχος σε fund, είχε δηλώσει "Αυτό [bitcoin] θα αποτελέσει την μεγαλύτερη φούσκα στην εποχή μας ... Οι τιμές του θα πάνε πολύ μακριά σε σχέση με εκεί που θα έπρεπε να βρίσκονταν. Μπορείς να βγάλεις πολλά χρήματα στην πορεία προς τα πάνω, και σκοπεύουμε να το κάνουμε".

Επιπλέον, οι υποστηρικτές του bitcoin και σε σχέση με αυτή την εξέλιξη (είσοδος funds κλπ), δεν συμφωνούν μεταξύ τους: κάποιοι λένε ότι αυτή η θεσμική εμπλοκή θα έχει αρνητικές επιπτώσεις, ενώ κάποιοι άλλοι βρίσκουν αυτή την εξέλιξη bullish για το bitcoin. Αυτοί που διαφωνούν μεταξύ των υποστηρικτών του bitcoin και βρίσκουν την εξέλιξη αυτή αρνητική, νομίζουν αυτό, επειδή πιστεύουν ότι το bitcoin θα πάψει να είναι ανθεκτικό στην λογοκρισία, και θα χάσει έτσι ένα από τα βασικό 'θετικά' χαρακτηριστικά που έχει ως σήμερα, και συνεπώς, αυτό θα έχει μια κακή επίδραση στην τιμή και αξία του.

Chapter 7
Self-Proclaimed Bitcoin's inventor to give half of his Bitcoin Fortune

Written 09-09-2019

Court in USA (Florida) ordered the Australian Craig Wright to hand over half of the bitcoin he mined to the family of David Kleiman. Kleiman heirs, in the case claimed that both of them (Wright and Kleiman) were business partners when they began crypto-currency. Craig Wright who claimed to have invented the Bitcoin cryptocurrency was ordered to hand over half of the bitcoin he owned, which was reported to be worth about $ 5 billion (the 50%).

Craig Wright, 49 years old, a computer scientist and expert in IT security, was sued by the estate of David Kleiman, the heirs of a programmer who died in year 2013, for a share of Wright's bitcoin haul over the pair's involvement in the inception of the cryptocurrency from 2009 to 2013.

Kleiman's estate alleges Wright and Kleiman were partners, and therefore his family is entitled to a share of the bitcoin that was mined by the pair in that time. Wright denied that there was a partnership. According to Wright, the only relationship he had with Kleiman, was that they were friends and Wright got Kleiman into bitcoin, because Kleiman *knew who I was*, and *he was an expert on the field of IT crime prevention*, and *I wanted to erase everything they had to do with bitcoin from public records* (when Bitcoin started to related to illegal acts).

US district Court in Florida, in the end of August 2019, ruled that half of the bitcoin mined and half of the intellectual property held by Wright from that time (2009 to 2013) belongs to Kleiman.

An issue it is not known exactly, is how much bitcoin Wright holds. It is said that the Kleiman heirs could get something between 410,000 and 500,000 bitcoin, and putting the Bitcoin's price ($10,219 at September 10th, 2019) that worths around $5 billion.

Wright claimed to the court that he could not access the bitcoin because he doesn't have a list of the public addresses of that bitcoin. He claimed in 2011, after seeing the cryptocurrency had begun to be associated with drug dealers and human traffickers, he put the bitcoin he mined in 2009 and 2010 into an encrypted file and into a blind trust (titled Tulip Trust). The encrypted key was divided into multiple key slices, and the key slices were given to Kleiman who distributed them to people through the Trust.

Wright said this meant he could not decrypt the file until he gets access to the key from a bonded courier who will arrive in January 2020 – a claim Wright has made before in claiming to be Satoshi Nakamoto, the pseudonymous creator of Bitcoin.

In the judgment, Judge Bruce Reinhart said Wright had not proved he could not comply and obtain the bitcoin. He added that Wright made inconsistent statements and the whole story was "inconceivable", that he had a Dr Frankenstein-like revelation when his creation "turned to evil".

"During his testimony, Wright's demeanor did not impress me as someone who was telling the truth. When it was favorable to him, Wright appeared to have an excellent memory and a scrupulous attention to detail. Otherwise, Wright was belligerent and evasive," the Judge said.

In year 2015, Wright was investigated by the Australian Taxation Authority, over his involvement with bitcoin with his Sydney home raided by the Australian federal police, and that lead to speculation he might be Satoshi Nakamoto (creator of Bitcoin).

Από την έφοδο της Αστυνομίας της Αυστραλίας, στο σπίτι στο Σίδνεϋ, του αυτο-αποκαλούμενου ως δημιουργού του bitcoin, του Craig Wright, στα τέλη του 2015.

In the end of 2015, the Australian Police, raided Wright's home in Sydney, fueling rumors that he is Nakamoto.

In 2016, Wright himself, claimed to be Satoshi Nakamoto, but experts questioned the evidence he provided. He promised to provide further proof, but backed down days later, saying he was "sorry" and did "not have the courage".

Judge Reinhart said at the start of his ruling the Court "is not required to decide, and does not decide" whether Wright is Nakamoto, and the Court *was not required to decide and did not decide how much bitcoin Wright controls today*.

You can read the Court's Decision (Kleiman versus Wright Order) in the links below:

https://www.theblockcrypto.com/post/37823/federal-judge-enters-case-ending-order-against-craig-wright-finding-fraud-obstrcution-and-perjury

https://www.scribd.com/document/423428393/Kleiman-v-Wright-Order#download&from_embed

Of course the whole Court's Judgment is lengthy as it analyzes the whole case and the text is legal – but is given for those who wish to read and study it, as it is an important one.

Meanwhile, in a Wright's interview with **Modern Consensus** (fintech magazine), he said he would comply with the Court's order.

"If the Court makes an Order, I will comply with the Order. And the Court has made an Order. It's that simple." Wright said. "I have a lot of BTC. Dave (Kleiman) should have 320,000 and I should have 800,000 and now it's 50/50. At the end of the day, this is not a good thing for BTC".

For those who want to read the whole interview, in the link below:
https://modernconsensus.com/cryptocurrencies/bitcoin/exclusive-interview-with-craig-wright-just-after-ordered-to-pay-5-billion-in-bitcoin/

Commentary by Panayiotis Sofianopoulos:

Why this news / case, is important? Craig Wright, as the Judge mentioned, made inconsistent statements. It is not clear if Wright, just himself or with some small closed team, was Satoshi Nakamoto (maybe including the late David Kleiman), eg. the pseudonymous inventor of Bitcoin. Wright himself, for a various reasons, it seems from time to time that he claims to be. Actually, *he is the most enthusiast self-claimed Bitcoin's inventor*. Obviously that has to do with the publicity it brings (... and revenue too ...). It may not be the inventor of Bitcoin, or it may be. Anyway, after Wright said that in

January 2020 via a bonded courier, he would decrypt the full file, which would give him access to a huge fortune of bitcoins - if that happens, it will give credibility to the claim to be Nakamoto, if not the only one, actually one of the initial team. Because if he wasn't, obviously, back in the year 2009 and 2010 when Bitcoin launched, he couldn't have such an extended engagement - and this, in short, will be proved next January (of year 2020). If it will proved that Wright is Satoshi Nakamato, then his opinion will have increased significance, as he in recent years, been against Bitcoin (BTC) and in favor of BSV (= Bitcoin Satoshi View, eg. Another cryptocurrency); *BSV is the only Bitcoin* as Craig Wright said.

It is also worth noting that the Trust to which, Wright claims that the bitcoin he mined in the first period, transferred them to this Trust, called **Tulip**, a word reminiscent of the ex all-time greatest bubble (tulipomania, of 17th century), which been surpassed by that of Bitcoin. Do you think it's accidental?

Finally, whether Wright is Nakamoto or not, he definitely is one of the first people that involved in Bitcoin, so he is a pioneer on the field; however in the last years, he turned his interest to other cryptocurrency (BSV)...

Κεφάλαιο 7
Ο αυτοαποκαλούμενος δημιουργός του Bitcoin, διετάχθη να δώσει τη μισή του περιουσία

Γραμμένο στις 09-09-2019

Δικαστήριο στις ΗΠΑ διατάσσει τον Craig Wright να μοιραστεί τα bitcoin που απέκτησε με τους κληρονόμους του αμερικανού προγραμματιστή David Kleiman

Ο αυστραλός Craig Wright διετάχθη να παραδώσει τα μισά από τα bitcoin που έχει στην κατοχή του στους κληρονόμους του David Kleiman, που ισχυρίστηκαν ότι οι δύο τους ήταν συνέταιροι όταν άρχισαν το κρυπτονόμισμα.

Ο αυστραλός που έχει ισχυριστεί ότι εφηύρε το κρυπτονόμισμα bitcoin διετάχθη να παραδώσει τα μισά από τα bitcoin που κατείχε, και που αναφέρθηκε ότι αξίζουν περί των $5 δισ. (το 50% δηλαδή).

Ο Craig Wright, ένας computer scientist και ειδικός στην κυβερνοασφάλεια, 49 ετών, μηνύθηκε από τους κληρονόμους του David Kleiman, ενός προγραμματιστή που πέθανε το 2013, για το μερίδιο bitcoin στο απόθεμα του Wright, το οποίο δημιουργήθηκε από την εμπλοκή των εν λόγω δύο, κατά την έναρξη του κρυπτονομίσματος, από το 2009 έως το 2013.

Οι κληρονόμοι του Kleiman ισχυρίζονται ότι ο Wright και Kleiman, ήταν συνεργάτες, και συνεπώς, η οικογένεια του αποθανόντος, δικαιούται το μερίδιο των bitcoin που εξορύχθηκε από τους δύο, εκείνη την περίοδο. Ο Wright αρνείται ότι υπήρχε συνεργασία. Κατά την δική του πλευρά, η μόνη σχέση που είχε με τον Kleiman, είναι ότι αυτός τον 'έμπασε' στο bitcoin (ο Wright τον Kleiman), *διότι ήταν φίλος, ήξερε ποιος ήμουν εγώ, και ήταν ειδικός στα τεχνολογικά αποφυγής εγκλημάτων, και ήθελα να σβήσω τα πάντα που είχαν να κάνουν με το bitcoin από τα δημόσια αρχεία.*

Δικαστήριο της Φλόριδα, ΗΠΑ, τον Αύγουστο που μας πέρασε (2019) απεφάνθη ότι τα μισά bitcoin που εξορύχθηκαν και η μισή από την πνευματική ιδιοκτησία που έχει ο Wright από εκείνη την περίοδο (που είναι ευρεία και μεγάλη), ανήκει στον Kleiman.

Ένα ζήτημα που δεν είναι γνωστό επακριβώς, είναι πόσα bitcoin ο Wright κρατάει. Λέγεται ότι οι κληρονόμοι του Kleiman θα μπορούσαν να λάβουν μεταξύ 410.000 και 500.000 bitcoin, δηλαδή με την τρέχουσα τιμή του bitcoin ($10.219 στιε 10.09.2019), γύρω στα $5 δισ..

Ο Wright στο δικαστήριο ισχυρίστηκε ότι δεν έχει πρόσβαση στα bitcoin διότι δεν έχει μια λίστα με τις δημόσιες διευθύνσεις αυτών των bitcoin. Ισχυρίστηκε ότι το 2011, αφού είδε ότι το κρυπτονόμισμα είχε αρχίσει να σχετίζεται με εμπόριο ναρκωτικών και human traffickers κ.λπ. αρνητικά, ότι έβαλε τα bitcoin που είχε εξορύξει το 2009 και 2010 σε κρυπτογραφημένο αρχείο και τα παρέδωσε σε ένα ανεξάρτητο Trust (ονόματι Tulip Trust). Το κλειδί κρυπτογράφησης διαιρέθηκε σε πολλαπλά μικρότερα κλειδιά, και τα μικρότερα κλειδιά είχαν δοθεί στον Kleiman, ο οποίος τα είχε διανείμει σε ανθρώπους μέσω του trust.

Ο Wright ανέφερε ότι αυτό εσήμαινε πως αυτός ο ίδιος, δεν μπορούσε να αποκρυπτογραφήσει το αρχείο μέχρι να αποκτήσει πρόσβαση στο πλήρες κλειδί, από έναν συνδεδεμένο courier, ο οποίος θα φτάσει τον Ιανουάριο του 2020 – ένας ισχυρισμός που ο Wright είχε κάμει πριν τον ισχυρισμό του, ότι είναι ο Satoshi Nakamoto, ο με ψευδώνυμο δηλαδή, δημιουργός του bitcoin.

Στην Απόφαση του Δικαστηρίου, ο Δικαστής Bruce Reinhart ανέφερε ότι ο Wright δεν απέδειξε ότι δεν μπορεί να συμμορφωθεί και να βρει τα bitcoin. Πρόσθεσε ότι ο Wright, υπέπεσε σε αντιφατικές δηλώσεις και η όλη ιστορία ήταν "αδιανόητη", ότι είχε μια τύπου Dr Frankenstein αποκάλυψη όταν η δημιουργία του "στράφηκε στο κακό".

"Κατά τη διάρκεια της μαρτυρίας του, η συμπεριφορά του Wright, δεν μου έδωσε την εντύπωση κάποιου που έλεγε την αλήθεια. Όταν του ήταν βολικό σε αυτόν, ο Dr. Wright παρουσιάζονταν να έχει εξαιρετική μνήμη και μια σχολαστική προσοχή στην λεπτομέρεια. Διαφορετικά, ο Dr. Wright ήταν επιθετικός, αόριστος σαν να υπέκφευγε" είπε ο Δικαστής.

Το 2015, ο Wright ερευνήθηκε από την Φορολογική Αρχή της Αυστραλίας, σε σχέση με την εμπλοκή του με το bitcoin, και σε αυτά τα πλαίσια, το σπίτι του στο Σίδνεϊ δέχτηκε 'επιδρομή' από την ομοσπονδιακή Αστυνομία της Αυστραλίας, οδηγώντας στην φήμη ότι ίσως, είναι ο Nakamoto.

Από την έφοδο της Αστυνομίας της Αυστραλίας, στο σπίτι στο Σίδνεϊ, του αυτο-αποκαλούμενου ως δημιουργού του bitcoin, του Craig Wright, στα τέλη του 2015.
In the end of 2015, the Australian Police, raided Wright's home in Sydney, fueling rumors that he is Nakamoto.

Ο ίδιος ο Wright το 2016, ισχυρίστηκε ότι ήταν ο Nakamoto, αλλά ειδικοί αμφισβητούν τα στοιχεία που έδωσε. Υποσχέθηκε να παράσχει περαιτέρω αποδείξεις, αλλά λίγο αργότερα υποχώρησε, λέγοντας ότι «λυπόταν» και «δεν είχε το κουράγιο».

Ο Δικαστής Reinhart ανέφερε στην αρχή της Απόφασης, ότι το Δικαστήριο "δεν απαιτείται να αποφασίσει, και δεν αποφασίζει" εάν ο Wright είναι ο Nakamoto, και το Δικαστήριο δεν χρειάζονταν να αποφασίσει και δεν αποφάσισε, πόσα bitcoin κατέχει ο Wright σήμερα.

Διαβάστε όλη την Απόφαση του Δικαστηρίου, η οποία βέβαια είναι μακροσκελής καθώς αναλύει όλη την υπόθεση και το κείμενο είναι νομικίστικο – για όσους έχουν όρεξη να την διαβάσουν, στα παρακάτω link (στα αγγλικά βέβαια):

https://www.theblockcrypto.com/post/37823/federal-judge-enters-case-ending-order-against-craig-wright-finding-fraud-obstrcution-and-perjury

https://www.scribd.com/document/423428393/Kleiman-v-Wright-Order#download&from_embed

Στο μεταξύ, σε μια συνέντευξη του Wright με το **Modern Consensus** (fintech περιοδικό), ανέφερε ότι θα συμμορφωθεί με την Διαταγή του Δικαστηρίου.

"Εάν το Δικαστήριο δώσει μια Διαταγή, θα συμμορφωθώ με την Διαταγή. Και το Δικαστήριο έδωσε μια Διαταγή. Είναι τόσο απλό" είπε. "Κατέχω πολλά BTC. Ο Dave (Kleiman) θα έπρεπε να κατέχει 320.000 και εγώ θα έπρεπε να έχω 800.000 και τώρα είναι 50/50. Στο τέλος της μέρας, αυτό δεν είναι κάτι καλό για το BTC."

Για αυτούς που θέλουν να διαβάσουν ολόκληρη την συνέντευξή του (στα αγγλικά βέβαια), θα την βρουν στο παρακάτω link:

https://modernconsensus.com/cryptocurrencies/bitcoin/exclusive-interview-with-craig-wright-just-after-ordered-to-pay-5-billion-in-bitcoin/

Σχολιασμός Παναγιώτη Σοφιανόπουλου:

Γιατί η είδηση / εξέλιξη αυτή είναι σημαντική και την ανάφερα; Ο Wright, πράγμα που ανέφερε και ο Δικαστής, έχει υποπέσει σε πολλές αντιφάσεις. Δεν είναι σαφές εάν είναι αυτός ο ίδιος ή μαζί με κάποιο άλλο κλειστό team, ο Satoshi Nakamoto (ίσως συμπεριλαμβανομένου του αποθανόντος David Kleiman), δηλαδή του με ψευδώνυμο δημιουργού του bitcoin. Ο ίδιος ο Wright, για διάφορους λόγους, φαίνεται από κάποιο χρονικό σημείο και μετά, ότι ισχυρίζεται πως είναι. Προφανώς λόγω της μεγάλης σχετικής δημοσιότητας και των εσόδων που φέρει. Μπορεί να μην είναι, μπορεί και να είναι. Ούτως ή άλλως, αφού ο Wright είπε ότι τον Ιανουάριο του 2020 μέσω συνδεδεμένου courier, θα αποκρυπτογραφήσει το πλήρες αρχείο, το οποίο θα του δώσει πρόσβαση σε μια τεράστια περιουσία από bitcoins, αυτό εφόσον συμβεί, ισχυροποιεί κατά πολύ τον ισχυρισμό του ότι είναι ο Nakamoto, και εν πάση περιπτώσει, εάν όχι ο μοναδικός, όντως κάποιος από το αρχικό team. Διότι προφανώς, εάν δεν ήταν δεν θα μπορούσε να έχει από το 2009 και 2010 που πρωτολανσαρίστηκε το bitcoin μια τόσο εκτεταμένη εμπλοκή, και αυτό, κοντός ψαλμός, θα αποδειχτεί τον προσεχή Ιανουάριο (2020).

Εάν αποδειχθεί ότι ο Wright είναι ο Satoshi Nakamato, τότε η άποψή του θα έχει πλέον ιδιαιτέρως αυξημένη βαρύτητα, καθώς αυτός τα τελευταία χρόνια, είναι κατά του Bitcoin (BTC) και υπέρ του BSV (= Bitcoin Satoshi View, ένα άλλο κρυπτο-νόμισμα). Όπως είπε ο Craig Wright, το *BSV είναι το μόνο Bitcoin*.

Αλλά και να μην είναι ο Nakamato, πάλι η άποψή του, που έχει στρέψει το ενδιαφέρον μακριά από το BTC (bitcoin), προς το BSV, 'μετράει' καθώς είναι σαφώς ένας εκ των πρωτοπόρων στο όλο εγχείρημα του bitcoin – και δείχνει ότι αυτός, ένας εκ των πρωτοπόρων, θεώρησε καλύτερο το BSV, έναντι του γνωστού μας BTC, το οποίο έχει πολλές αδυναμίες και μειονεκτήματα.

Επίσης, αξίζει προσοχής, που το αναφερόμενο Trust στο οποίο έχουν μεταφερθεί τα bitcoin που κατά τα λεγόμενα του Craig Wright, εξορύχθηκαν εκείνη την πρώτη περίοδο, ονομάζεται Tulip, μεταξύ δηλαδή χιλιάδων ή εκατομμυρίων λέξεων, επιλέχθηκε μία λέξη που θυμίζει την αλλοτινή μεγαλύτερη φούσκα όλων των εποχών (τουλιπομανία, του 17ου αιώνος), η οποία ξεπεράστηκε από αυτή του bitcoin. Νομίζετε ότι είναι τυχαίο;

Chapter 8
Why Bitcoin is not banned by the powerful States?

Written 11-09-2019

In big and important Countries, the currency is a powerful tool and weapon and of course a privilege, because of the advantages that offers to the States.

Let's give a couple of examples:

First example: The dollar (USD) offers a great power to USA, since it is with the US dollar that international trading / transactions are being done for many decades, and it certainly (the USD) supports this way, the american economy. If someone and somehow, could replace the dollar as the currency / mean of international trade, would you doubt that the USA would have destroy this danger before to become an actual threat? I imagine no one will doubt about this.

Second example: The euro is a currency that makes Germany extremely strong on economy, while not exclusively a German currency as it is the common euro-area currency. The euro fits perfectly to Germany (for the size of its economy and its location in the 'center' of Europe) and that's why after the euro replaced its former currency (the Deutsche Mark), its economy has taken off. And that's why Germany, on one hand, is trying to enlarge the Eurozone (is profiting from it), and on the other hand, behaved very tough, on those who have been rationally 'subversive', like in the case of Greece.

So the currency, for the big and mighty Countries, is a very powerful 'tool' and 'weapon'. And if you have a powerful tool /

weapon, you do not give it away to anyone else; the opposite yes, the mighty States have strong interest in maintaining these super-tools/weapons, in their possession, completely controlled, according to their interests.

It is no coincidence that in any Country all over the world and for any currency, if anyone produces a counterfeit (that is, he prints an identical banknote himself), this is **an illegal act**, prosecuted by the State, systematically and severely punished. From this, it seems that States do not want anyone else to gain access to this super-tool / weapon: the currency. **They do not want competition in this field**, it is their tool / weapon and noone else's. It is their monopoly. These are well known, unquestionable facts.

Let's go back, to Bitcoin now ... Bitcoin's advocates and supporters say that this, provides anonymity, security to its user, is as easy to use as pushing a button on a computer or smartphone from one point of our planet, it is being transferred instantly to another place on our planet, anyone on earth can get it, it is 'free', ie it is not produced or controlled by the States ... in other words, Bitcoin's supporters say anything impressive in order to show how revolutionary Bitcoin is and because it is so revolutionary, justifies its astronomical prices...

It is therefore in many ways revolutionary - directly and indirectly - damaging the interests of big and mighty States – according to Bitcoin supporters view. And as a (crypto)currency, it damages in particular, the interests of the strong States, who have to do a lot with their currencies (eg dollar, euro etc). Because no State controls (through the central bank) the bitcoin circulation, no State produces it, so if ever Bitcoin was widely used, it would abolish the monetary and consequent financial privileges of states, such as we said above, and if anyone threatened to do so, the strong States would definitely destroy him, before that one would be able to complete his threat...

So, according to his supporters, *Bitcoin has all the characteristics that would pose a major threat to powerful States*. As Bitcoin's proponents say, it could contribute to the **collapse** of the existing international financial system, since monetary and financial control would left from governments, and passed on to anonymous "anarchists".

And because of logic, a question arises: If all these that Bitcoin's supporters tell us, is true, and so, Bitcoin is a real threat for the States, then why the governments of powerful States do not make a coordinated decision (since bitcoin is a common 'enemy' and a threat to all strong States) and ban it, make it illegal, forbid to bitcoin to change in other, real money, such as the dollar, euro, pound, yen etc? If someone has bitcoin but cannot change it to our well-known international currencies, such as dollar, euro, pound, yen, etc, isn't it inevitable that bitcoin would became useless, and depreciated almost to zero?

In some large and powerful Countries, bitcoin is already being banned or confronts significant restrictions and a hostile environment that prevents it from being used, like in the cases of China, Russia and India. But other big Countries with strong and large economies, have to date, an approach to bitcoin (and other cryptocurrencies also) that can be said to be neutral or 'friendly', such as in Europe, the USA, Canada, Japan, Australia and more.

So why aren't these big States banning the Bitcoin, in a coordinated manner, given the fact that they have a common interest - if Bitcoin is as threatening as its fans say?

What can be the answers to the above critical question?

An answer may be that because cryptocurrencies are linked directly with blockchain technology, which by many people considered to be revolutionary and innovative like the internet, that these powerful States may stay 'open' to this new technology because of the multiple profits they estimate that it can give in the long run, especially in the private sector. But this answer, even if at blockchain level, seems to have some positives, is probably not satisfactory, since the risks from the parallel development of cryptocurrencies pose a much greater and wider threat to States: their financial monopoly and their tax revenues are really threaten by the developing of cryptos. That is, what they would gain would seem to be much less than what they would lose.

A second answer is that governments are simply not intelligent enough to understand the dangers of Bitcoin, and because they underestimate it, they remain 'unprotected' versus bitcoin. But also this answer seems unlikely to me, because yes, in the governments of some small Countries in particular, they may be ignorant of cryptos and their 'vision' and planning may be short-termed, but at least in the governments of large and powerful States, I think analyze all potential threats in a timely manner, and in this 'frame', they will clearly have dealt with cryptos - and I cannot accept, e.g. that the USA government has not studied in detail and understood the risks of the potential growth of bitcoin and other cryptocurrencies.

A third answer, and this seems to me the most likely, is that bitcoin is, despite the theoretical loquacious arguments of its supporters, probably **not a real threat** to the States' financial and taxation system, and their financial interests.

And if it's not a real threat, then why restrict / ban it etc?
But if this is true, and seems to be (from the non reaction for the powerful States), *then inevitably, the bitcoin's prospects, as advocated by its proponents, are still particularly 'inflated', which in turn, implies that, bitcoin in reality, will never justify its astronomical prices*; today's prices (in the range of $10 to $20 thousand) or the future ones that we often hear and read (... bitcoin will reach $50 thousand, $100k or the one million dollars, and so on).

And without going into details that would be technical, tedious and difficult to follow, I will say a few key points that will show that **bitcoin has much less potential than those promoted by its promoters**.

A currency has three (3) basic characteristics and properties:

1. It is anonymous, e.g. our banknotes (dollar, euro) does not write our name, and can be easily and freely transferred, e.g. from me to you.

2. A currency is making transactions – example: if you agree with me, to sell me something and I pay you with a paper-napkin (you agree on this), in which I will write that "X (me) owes to Y (you), 10 euros", and Y accepts to be paid by this (paper-napkin), then this paper-napkin is acceptable money between X and Y. But obviously, the paper-napkin will not be accepted later, as a means of payment by Y or Z. The problem with money and, by consequently, a key feature, is that it is needed to be widely accepted, as a means of transaction, to be a mean that everyone wants it. Elementary.

3. To store and retain value: that is, if I have €100 thousand, those 100k must keep the same value when they are 'sitting' aside and do not being traded. OK, there is inflation that over time can decrease this value (purchasing power), but I describe the phenomenon and characteristic in general. My €100 thousand, and after e.g. 2 years, they will again have almost the same value, without to use them in between (make transactions with them); just having store them in a closet or in a safe-box etc.

So for the **first key feature** (of being able to be carried anonymously), bitcoin's supporters say that it satisfies this feature, as it offers anonymity. But No. With bitcoin you are not 'invisible'. It offers pseudonymity. There is a pseudonym, and someone (like the government) may not know who is behind it, to grab him straight and directly, but flow activity is traced, IPs are detected and when it reaches a point such as an Exchange, the cryptocurrencies users can get caught. The "Big Brother" (government) may not see you directly, but sees that there is someone and has a flow of digital cash and when this one (the crypto user), will reach a 'point' like an exchange, bank, store etc., the government / tax authority etc. gets this one, who then his name and data get known, and ceases to be unknown.

More on that, the crypto Exchanges, have their members (all those who make transactions on them), fully recorded with details: their name, addresses, ID numbers, taxpayer ID (TIN / VAT) - and if you opened or tried to open an account in such an Exchange, you'll have noticed this and be already, aware of it. You can be sure that the Authorities of the powerful States have access to all these critical information*, and States are able to control the whole "crypto" system, if and when, they will decide on it.

* This is no 'theory': It is known that the Internal Revenue Service - IRS (the Tax Authority in USA): **a**. said that the bitcoin should be treated as an asset or an intangible property and not a currency, as it is not issued by central bank of a country. **b**. Bitcoin's treatment as an asset makes the tax implication clear. **c**. The IRS sent warning letters to more than 10,000 taxpayers it suspected "potentially failed to report income and pay the resulting tax from virtual currency transactions or did not report their transactions properly." It warned that incorrect reporting of income can result in penalties, interest or even criminal prosecution – [... how the IRS knew their data?].

As for the **second key feature**, this of transactions, bitcoin does not do much anyway. Or more properly, it does very little. It's been ten years since the advent of bitcoin, and how many businesses do you know that accept bitcoin? Therefore in this feature, which is very essential for any currency (being able to make transactions), bitcoin has shown that it is unable to play this role. One again, it is supposed to be revolutionary but a decade that is not used, indicates it is not.

As for the **third key feature**, this of value storage, is the only thing that bitcoin satisfies it (I accept it) partially, and many of its supporters think it will become the gold of the 21st century. But that doesn't hurt the governments of the powerful states, as also and similarly, the real gold that is a mean of value storage and maintenance, does not hurts governments interests.

But even at this point, where bitcoin seems to meet the criterion of a currency, it still has a fundamental weakness: Its great volatility - to date; because if bitcoin supporters 'blame' the other regular currencies for losing value because of inflation, then why not (we) to judge bitcoin, if bitcoin acts as "a mean of storing value", if in a day it makes a -10%, this is not value maintenance. Isn't it right? Or when in a few months, it was down 60%, is this value maintenance? While gold, with much larger capitalization and much less volatility, serves much more efficiently the value storage and maintenance role (not to mention, gold's practical uses, such as in jewelry etc.).

Therefore, Bitcoin, with regard to all three key features of the currencies, seems to be no danger to the governments of big and strong states, as it fails to meet the principal criteria and lags substantially in two out of three. That's why, they leave it free, for example, they permit to have bitcoin and change / transfer it, they let crypto-Exchanges exist etc.

But if bitcoin is not a real threat, then its prospect, as described by its supporters, is probably much overrated.

If bitcoin was a threat, the big and powerful states (eg USA, China, Japan, Russia, Europe, Australia, India etc.), would ban it in a coordinated way; of course some of big and powerful states may not have the best of relationships, but they would united out of need, in front of the common powerful enemy, which would be bitcoin if its capabilities were as strong and revolutionary, as its supporters tell us. And you can be sure that if they banned it in a coordinated manner, when 'tomorrow' you could not change your bitcoins to dollars, euros, yen, pounds, yuan, rubles, rupees etc, it is certain that its value would fall below one dollar; bitcoin's value would essentially disappear.

Plus that bitcoin has several other disadvantages, such as: competition from other cryptocurrencies, it's not completely safe - haven't you read about major thefts in cryto-exchanges etc? ... or a hard drive containing bitcoins can be corrupted and lost or the file containing them corrupted and lost etc. And another disadvantage of bitcoin is that just because it is 'anarchic', if someone and somehow steals bitcoin from you, you won't be compensated - instead, if they steal your euros / dollars from your bank account, your money is guaranteed (by the bank itself and beyond, by the Authority / State) and they will not be lost from your Account.

Finally, I will tell you what would happen, if in the future, bitcoin - in a way that I do not see it - would be widely adopted by the whole global population - I emphasize that I do not see possible at all, but I just discuss it for argument's sake and for deepening in the reasoning that bitcoin has no real potential: this hypothetical bitcoin's prevalence, the dominance of a real cryptocurrency, which would not be controlled by any authority, would soon be proved, extremely dangerous for the real economy. **Why?**

Because while inflation when it is high, is obviously damaging (to the economy and contributing to a decrease in quality of living on the vast majority of citizens), yet when it is low and controlled, it is mostly positive, mainly because it prevents bankruptcies, makes products of a country more attractive (competitive) and consequently, stimulates and boost production, and thus, it has an indirect positive effect on employment and income.

So if in a way that I don't see it possible, bitcoin was prevailed globally and replaced the US dollar (today's dominant currency), and because bitcoin has been designed to be "anti-inflationary" - with its limited and ever-shrinking supply that will reach the maximum number of 21 million (and essentially smaller because of the permanently lost bitcoin), it would easily - and soon - lead, because of the circular function of the economy (from an expansion period to a recession one, and so on), in a recession. And this recession would be a strong one and couldn't be handled and overcome because of this strict and absolute anti-inflationary feature of bitcoin; the recession would have reached the size of that of 1929 and the consequent years, and could not be tackled by governments at all, because they would have no control over the cryptocurrency; in other words, the states would have lose the weaponry to fight the strong recession with new money, by inflating the economy, as the states usually do, in cases of severe recessions like this recent one, of the year 2008. And believe me, because of the globalization of the economy, this recession driven by the bitcoin, would be a **real hell**, much more severe and long, than this of the Great Depression of 1929... Fortunately, that we are talking about a hypothetical and fictional scenario, which cannot happen in reality.

Κεφάλαιο 8
Γιατί το bitcoin δεν απαγορεύεται από τους Ισχυρούς;

Γραμμένο στις 11-09-2019

Στις ισχυρές χώρες, το νόμισμα αποτελεί ένα ισχυρό όπλο και βέβαια προνόμιο, λόγω των πλεονεκτημάτων που τους δίδει.

Ας δώσουμε κανά δυο σχετικά παραδείγματα:

Πρώτο παράδειγμα: το δολάριο δίδει μεγάλη ισχύ στις ΗΠΑ, αφού με αυτό γίνονται εδώ και πάρα πολλά χρόνια, οι διεθνείς συναλλαγές, και αυτό βέβαια στηρίζει την οικονομία τους. Εάν κάποιος, αντικαθιστούσε με κάποιο τρόπο το δολάριο στις διεθνείς συναλλαγές, έχετε αμφιβολία ότι οι ΗΠΑ πριν το κάνει, θα είχαν πάει και θα τον είχαν ισοπεδώσει και καταστρέψει κυριολεκτικά; Φαντάζομαι κανείς δεν θα αμφιβάλλει περί αυτού.

Δεύτερο παράδειγμα: το ευρώ είναι ένα νόμισμα που καθιστά πανίσχυρη την Γερμανία, παρόλο που δεν είναι αποκλειστικά δικό της (είναι κοινό νόμισμα στην Ευρωζώνη), είναι ωστόσο κομμένο και ραμμένο στα μέτρα της (δεδομένου του μεγαλύτερου μεγέθους της οικονομίας της και του γεγονότος ότι η Γερμανία βρίσκεται στο 'κέντρο' της Ευρώπης). Γι' αυτό η Γερμανία αφού το ευρώ αντικατέστησε το προηγούμενο νόμισμά της (μάρκο), οικονομικά απογειώθηκε. Και γι' αυτό, η Γερμανία αφενός προσπαθεί να διευρύνει την ζώνη του Ευρώ αφού μέσω αυτής κερδίζει αυτή, αφετέρου, σε όσους κινήθηκαν 'ανατρεπτικά', στάθηκε πολύ σκληρή απέναντί τους – περίτρανο παράδειγμα η χώρα μας.

Συνεπώς το νόμισμα, για τους ισχυρούς, είναι ένα πολύ δυνατό όπλο, και βεβαίως, τα πολύ δυνατά όπλα, δεν τα παραδίδουν έτσι στον οποιοδήποτε, ίσα – ίσα που τα ισχυρά κράτη, έχουν συμφέρον να διατηρούν αυτά τα υπερ-όπλα, κτήματά τους, απολύτως ελεγχόμενα σύμφωνα με τα συμφέροντά τους.

Δεν είναι τυχαίο, που σε οποιαδήποτε χώρα παγκοσμίως και με οποιοδήποτε νόμισμα, εάν κάποιος παράγει πλαστά (δηλαδή εκτυπώνει μόνος του ένα πανομοιότυπο χαρτονόμισμα), αυτό αποτελεί παράνομη πράξη, που διώκεται από την εκάστοτε πολιτεία, συστηματικά και τιμωρείται αυστηρά. Από αυτό φαίνεται, ότι οι πολιτείες, δεν θέλουν να αποκτά κάποιος άλλος πρόσβαση, σε αυτό το υπερ-όπλο τους, ο νόμισμα. Δεν θέλουν σε αυτό το πεδίο ανταγωνισμό, θέλουν το όλο όπλο με την όλη ισχύ του, **ολοδικό τους**. Είναι αποκλειστικό τους προνόμιο. Αυτά είναι δεδομένα και γνωστά τοις πάσι και πέραν πάσης αμφισβητήσεως.

Πάμε τώρα στο Bitcoin ... λένε οι υπέρμαχοι και υποστηρικτές του bitcoin, ότι αυτό, προσφέρει ανωνυμία, ασφάλεια στον χρήστη αυτού, μεταφέρεται πανεύκολα όπως με το πάτημα ενός πλήκτρου σε έναν υπολογιστή ή smartphone από την μια άκρη του κόσμου στην άλλη, είναι διεθνές, δηλαδή μπορεί να το αποκτήσει οποιοσδήποτε πάνω στη Γη, είναι 'ελεύθερο' δηλαδή δεν παράγεται ούτε ελέγχεται από τις πολιτείες... και τι δεν λένε οι υποστηρικτές του bitcoin, προκειμένου να δείξουν πόσο επαναστατικό είναι και επειδή είναι τόσο επαναστατικό, δικαιολογεί κατά την άποψή τους και αστρονομικές τιμές...

Είναι λοιπόν επαναστατικό, με πολλούς τρόπους που βλάπτουν ευθέως και αμέσως αλλά και εμμέσως, τα συμφέροντα των ισχυρών κρατών. Και ως (κρυπτο)νόμισμα, βλάπτει ιδίως τα συμφέροντα των ισχυρών που έχουν να κάνουν κυρίως με τα νομίσματά τους (π.χ. το δολάριο, το ευρώ κ.λπ.). Διότι την κυκλοφορία του bitcoin δεν την ελέγχει καμία πολιτεία (μέσω της κεντρικής τράπεζας), δεν το παράγει κανένα κράτος, ούτε και το ελέγχει μετά την παραγωγή του με κάποιο τρόπο. Άρα εάν το bitcoin διαδίδονταν αρκετά σε χρήση, θα καταργούσε ουσία και τύποις, τα νομισματικά και συνεπακόλουθα χρηματοοικονομικά προνόμια των κρατών, που όπως είπαμε πιο πάνω, εάν κάποιος απειλούσε να κάνει κάτι τέτοιο, θα τον κατέστρεφαν πριν καν προλάβει να ολοκληρώσει την απειλή του...

Το bitcoin λοιπόν, σύμφωνα με τους υποστηρικτές του, έχει όλα τα χαρακτηριστικά που θα συνιστούσε μια μεγάλη σχετική απειλή προς τα ισχυρά κράτη. Όπως λένε οι υπέρμαχοί του, θα μπορούσε να συμβάλλει στην κατάρρευση του υφιστάμενου διεθνούς χρηματοοικονομικού συστήματος, αφού ο νομισματικός και χρηματοοικονομικός έλεγχος θα έφευγε από τα χέρια των κυβερνήσεων και θα περνούσε στους ανώνυμους 'αναρχικούς'.

Και με την λογική, γεννάται η εξής απορία: Εάν είναι έτσι όπως μας τα λένε οι υποστηρικτές του bitcoin, γιατί απλά οι κυβερνήσεις των ισχυρών κρατών, δεν λαμβάνουν μια συντονισμένη απόφαση (αφού το bitcoin είναι ένας κοινός 'εχθρός' και απειλή για όλα τα ισχυρά κράτη) που να απαγορεύουν το bitcoin να αλλάξει σε άλλο, πραγματικό χρήμα, όπως το δολάριο, ευρώ, στερλίνα, γιεν κ.λπ.;
Εάν κάποιος έχει bitcoin, αλλά δεν μπορεί να τα αλλάξει στα γνωστά μας νομίσματα με τα οποία γίνονται διεθνώς οι συναλλαγές, όπως δολάριο, ευρώ, στερλίνα, γιεν, δεν είναι εκ της λογικής, αναπόφευκτο ότι το bitcoin θα αχρηστεύονταν;

Ήδη σε κάποιες μεγάλες και ισχυρές χώρες το bitcoin πλαισιώνεται από πλήρεις απαγορεύσεις ή σημαντικούς περιορισμούς και εχθρικό περιβάλλον, που αποτρέπει από την χρήση αυτού, όπως στην Κίνα, Ρωσία και Ινδία.

Όμως άλλες μεγάλες χώρες και ισχυρές και μεγάλες οικονομίες, έχουν έως σήμερα, μια προσέγγιση προς το bitcoin αλλά και άλλα κρυπτο-νομίσματα, που είναι από ουδέτερη έως και 'φιλική', όπως στην Ευρώπη, στις ΗΠΑ, Καναδά, στην Ιαπωνία, στην Αυστραλία κ.α..

Γιατί λοιπόν αυτά τα μεγάλα κράτη και ισχυρές οικονομίες, δεν απαγορεύουν – συντονισμένα, αφού έχουν σχετικό κοινό συμφέρον – το bitcoin, εάν είναι τόσο απειλητικό όσο λένε οι υποστηρικτές του;

Ποιες μπορεί να είναι οι απαντήσεις στο παραπάνω ερώτημα;

Μία απάντηση μπορεί να είναι, ότι επειδή τα κρυπτο-νομίσματα συνδέονται άρρηκτα και την τεχνολογία blockchain, η οποία παρουσιάζεται επαναστατική και καινοτόμα όπως το internet, ότι μπορεί αυτά τα ισχυρά κράτη, να είναι 'ανοικτά' προς αυτή τη νέα τεχνολογία λόγω των πολλαπλών κερδών που υπολογίζουν ότι μπορεί να δώσει σε βάθος χρόνου, ιδιαίτερα στο πεδίο της ιδιωτικής οικονομίας. Όμως η απάντηση αυτή, έστω και εάν σε επίπεδο blockchain, δείχνει να έχει κάποια θετικά, μάλλον δεν είναι ικανοποιητική, αφού οι κίνδυνοι από την παράλληλη ανάπτυξη των κρυπτο-νομισμάτων, περιέχει μια πολύ μεγαλύτερη και ευρύτερη απειλή για τις πολιτείες σε σχέση με το νομισματικό και χρηματοοικονομικό τους μονοπώλιο και τα φορολογικά τους έσοδα που ρισκάρουν με την ανάπτυξη των cryptos. Δηλαδή αυτά που θα κέρδιζαν, φαίνεται να είναι λιγότερα, από αυτά που θα έχαναν.

Μια δεύτερη απάντηση είναι, ότι απλά, οι κυβερνήσεις δεν είναι εντέλει επαρκώς ευφυείς προκειμένου να κατανοήσουν τους κινδύνους που φέρει το bitcoin, και επειδή το υποτιμούν, παραμένουν 'αφύλαχτες'. Όμως ούτε και αυτή η απάντηση μου φαντάζει πιθανή, διότι ναι μεν, στις κυβερνήσεις κάποιων μικρών ιδίως κρατών, μπορεί να έχουν άγνοια για τα cryptos και η 'οπτική' τους να είναι βραχυπρόθεσμη, αλλά τουλάχιστον στις κυβερνήσεις των μεγάλων και ισχυρών κρατών, νομίζω ότι αναλύουν εγκαίρως όλες τις δυνητικές απειλές, και σε αυτά τα πλαίσια, σαφώς και θα έχουν ασχοληθεί με τα cryptos - και ουσιαστικά, τουλάχιστον εγώ, αποκλείω, π.χ. η κυβέρνηση των ΗΠΑ, να μην έχει μελετήσει εξονυχιστικά και καταλάβει τους κινδύνους από την ενδεχόμενη έντονη ανάπτυξη του bitcoin και λοιπών κρυπτο-νομισμάτων.

Μια τρίτη απάντηση, και αυτή μου φαίνεται εντέλει η πιθανότερη, είναι ότι το bitcoin και παρά την θεωρητική φλύαρη επιχειρηματολογία των υποστηρικτών του, μάλλον **δεν είναι ουσιαστική απειλή** για τα χρηματοοικονομικά και φορολογικά των κρατών, και τα οικονομικά τους συμφέροντα. Και εάν δεν είναι ουσιαστική απειλή, τότε γιατί να το περιορίσουν / απαγορεύσουν κλπ;

Όμως εάν ισχύει αυτό, τότε *αναπόφευκτα ισχύει και ότι η προοπτική του bitcoin όπως την αναφέρουν οι υπέρμαχοί του, είναι έως και ιδιαιτέρως 'φουσκωμένη', που με την σειρά του συνεπάγεται ότι ποτέ και για κανένα λόγο, το bitcoin δεν θα δικαιολογήσει τις αστρονομικές τιμές που συχνά πυκνά, ακούμε και διαβάζουμε.*

Και χωρίς να μπω σε λεπτομέρειες, οι οποίες θα ήταν τεχνικές και κουραστικές και δύσκολες να τις ακολουθήσει κάποιος, θα πω μερικά βασικά σημεία, που **εντέλει το bitcoin έχει πολύ μικρότερες δυνατότητες, από αυτές που διαφημίσουν οι υποστηρικτές του.**

Ένα νόμισμα, έχει τρία βασικά χαρακτηριστικά και ιδιότητες:

1. Είναι ανώνυμο, π.χ. το χαρτονόμισμα που έχουμε, δεν γράφει το όνομά μας, και μπορεί να μεταφερθεί εύκολα και ελευθέρως, π.χ. από εμένα σε εσάς.

2. Ένα νόμισμα κάνει συναλλαγές – εάν εσείς συμφωνήσετε να μου πουλήσετε κάτι και εγώ να σας πληρώσω με μια χαρτοπετσέτα, στην οποία θα έχω γράψει ότι «Ο Χ χρωστάει στον Ψ, 10 ευρώ», και ο Ψ το δέχεται και πληρώνεται με αυτό, μεταξύ του Χ και του Ψ, αυτό είναι αποδεκτό χρήμα. Όμως προφανώς, η χαρτοπετσέτα, δεν θα γίνει στην συνέχεια αποδεκτή ως μέσο πληρωμής από τον Ζ ή των Ω. Το πρόβλημα στο χρήμα και κατ' επέκταση, βασικό αναγκαίο χαρακτηριστικό, είναι να είναι ευρέως αποδεκτό, ως μέσο συναλλαγής, να το θέλουν δηλαδή όλοι. Βασικότατο.

3. Να αποθηκεύει / διατηρεί αξία: δηλαδή εάν εγώ έχω €100 χιλιάδες, αυτά περιέχουν την αυτή αξία και όταν 'κάθονται' και δεν συναλλάσσονται. ΟΚ, υπάρχει ο πληθωρισμός που σε βάθος χρόνου μπορεί να φθείρει την αξία αυτή, αλλά περιγράφω το φαινόμενο και χαρακτηριστικό σε γενικές γραμμές. Τα €100 χιλιάρικά μου, και μετά από π.χ. 2 χρόνια, θα έχουν πάλι μια σχεδόν ίδια αξία, χωρίς να τα έχω μετακινήσει στο ενδιάμεσο.

Ως προς το **πρώτο** λοιπόν **βασικό χαρακτηριστικό** (του να μπορεί να μεταφέρεται ανώνυμα), λένε οι υποστηρικτές του ότι το bitcoin το ικανοποιεί, διότι προσφέρει ανωνυμία. Όχι. Με το bitcoin δεν είσαι αόρατος. Προσφέρει ψευδωνυμία. Υπάρχει μια ψευδωνυμία, που μπορεί να μην γνωρίζει κανείς ποιος είναι πίσω από αυτήν, για να τον πιάσει κατευθείαν και άμεσα, όμως η συναλλακτική δραστηριότητα ανιχνεύεται, εντοπίζονται διευθύνσεις (IPs) και όταν φτάσει σε κάποιο σημείο, όπως ανταλλακτήριο (Exchange) μπορούν να σε πιάσουν. Ο "Μεγάλος Αδερφός" (κράτος) μπορεί να μην σε βλέπει άμεσα, αλλά βλέπει ότι υπάρχει κάποιος και έχει μια χρηματική ροή και μόλις φτάσει σε κάποιο 'σημείο' όπως ανταλλακτήριο, τράπεζα κ.ά., πιάνει αυτόν τον κάποιο, ο οποίος τότε αποκτά και ονοματεπώνυμο και παύει να είναι άγνωστος.

Τα δε, ανταλλακτήρια (exchanges) έχουν τα μέλη τους, που υλοποιούν συναλλαγές σε αυτά, πλήρως φακελωμένα, και θα το έχει διαπιστώσει όποιος έχει ανοίξει ή επιχειρήσει να ανοίξει account σε αυτά. Να είστε σίγουροι ότι σε όλες αυτές τις κρίσιμες για τον έλεγχο του όλου συστήματος, πληροφορίες, έχουν πρόσβαση οι Αρχές των ισχυρών κρατών.

Αυτά δεν είναι 'θεωρίες': Είναι γνωστό ότι η IRS (η Φορολογική Αρχή στις ΗΠΑ): **α**. Είπε ότι το bitcoin πρέπει να μεταχειρίζεται ως asset ή άυλη ιδιοκτησία και όχι ως νόμισμα, καθώς δεν εκδίδεται από κεντρική τράπεζα κάποιας χώρας. **β**. Η μεταχείριση του bitcoin ως asset κάνει ξεκάθαρη την φορολογική υποχρέωση. γ. Η IRS έστειλε επιστολές σε περισσότερους από 10.000 φορολογούμενους που υποψιάζονταν ότι "δεν είχαν πληρώσει τον φόρο εισοδήματος που προέκυπτε από συναλλαγές σε ψηφιακά νομίσματα και δεν είχαν συμπληρώσει σωστά την Δήλωσή τους" – Προειδοποίησε ότι η αναληθής δήλωση εισοδήματος επιφέρει πρόστιμα, τόκους, ακόμα και ποινική δίωξη – [... πως η IRS γνώριζε τα δεδομένα τους;].

Ως προς το **δεύτερο βασικό χαρακτηριστικό**, το των συναλλαγών, ούτως ή άλλως, το bitcoin δεν κάνει πολλές. Ή ορθότερα, κάνει ελάχιστες. Έχουν περάσει δέκα χρόνια από το λανσάρισμά του, και πόσες επιχειρήσεις γνωρίζετε που να δέχονται απευθείας bitcoin; Συνεπώς σε αυτό το χαρακτηριστικό, που είναι πολύ βασικό για όποιο νόμισμα (το να μπορεί να κάνει συναλλαγές), το bitcoin έχει δείξει ότι αδυνατεί να παίξει αυτό τον ρόλο.

Ως προς το **τρίτο βασικό χαρακτηριστικό**, το της αποθήκευσης / διατήρησης αξίας, αυτό είναι το μόνο που ικανοποιεί το bitcoin (το δέχομαι και εγώ) μερικώς, και πολλοί υποστηρικτές του, νομίζουν ότι θα γίνει ο χρυσός του 21ου αιώνα. Αυτό όμως δεν βλάπτει τις κυβερνήσεις των ισχυρών κρατών, όπως δεν τις βλάπτει παρομοίως και που ο πραγματικός χρυσός, ο οποίος είναι μέσο αποθήκευσης και διατήρησης της αξίας, και δεν βλάπτει τα συμφέροντα των κυβερνήσεων.

Όμως ακόμα και σε αυτό το σημείο, που το bitcoin δείχνει να ικανοποιεί το κριτήριο ενός νομίσματος, πάλι παρουσιάζει μια βασική αδυναμία. Ποια είναι αυτή;

Μα η μεγάλη έως και σήμερα μεταβλητότητά του, διότι εάν οι υποστηρικτές του bitcoin, 'κατηγορούν' τα άλλα τα κανονικά νομίσματα, ότι χάνουν αξία λόγω του πληθωρισμού, τότε γιατί να μην τους κρίνουμε και εμείς, που ενώ το bitcoin λειτουργεί ως μέσο αποθήκευσης αξίας, εάν σε μια μέρα κάνει ωστόσο ένα -10%, μόνο διατήρηση της αξίας δεν κάνει; Έτσι δεν είναι; Ή όταν σε λίγους μήνες, είχε πτώση 60%, είναι αυτό διατήρηση αξίας; Ενώ ο χρυσός, έχει πολύ μεγαλύτερη κεφαλαιοποίηση και δεν χαρακτηρίζεται από τόσο έντονες διακυμάνσεις, άρα κάνει ουσιαστικότερη συντήρηση αξίας (χώρια που έχει και πρακτικές χρήσεις, όπως στην κοσμηματοποιΐα κ.α.).

Συνεπώς, το Bitcoin και ως προς τα τρία αυτά βασικά χαρακτηριστικά νομισμάτων, φαίνεται ότι εντέλει δεν είναι κίνδυνος για τις ισχυρές κυβερνήσεις, διότι αποτυγχάνει και υστερεί σημαντικά, στα δύο από τα τρία. Γι' αυτό και το αφήνουν ουσιαστικά ελεύθερο, αφήνουν π.χ. να έχει κάποιος bitcoin και να τα αλλάζει / μεταφέρει, αφήνουν την λειτουργία των ανταλλακτηρίων (Exchanges) κ.λπ..

Όμως εάν το bitcoin δεν είναι κίνδυνος, μάλλον και η όλη προοπτική του που αναφέρουν οι υποστηρικτές του, είναι υπερφουσκωμένη. Εάν ήταν επικίνδυνο, τα μεγάλα και ισχυρά κράτη, συντονισμένα (π.χ. ΗΠΑ, Κίνα, Ιαπωνία, Ρωσσία, Ευρώπη, Αυστραλία, Ινδία κ.λπ.) θα το απαγόρευαν, αφού μπορεί μεταξύ τους κάποιες από αυτές να μην έχουν τις καλύτερες των σχέσεων, αλλά θα ενωνόντουσαν μπροστά στον κοινό και φοβερό εχθρό, που θα ήταν το bitcoin, εάν οι πραγματικές του δυνατότητες ήταν έτσι όπως μας τα λένε οι υποστηρικτές του. Και βέβαια εάν το απαγόρευαν συντονισμένα, όταν 'αύριο' δεν θα μπορούσες να αλλάξεις τα bitcoin σου σε δολάρια, ευρώ, γιεν, στερλίνες, γουάν, ρούβλια, ρουπίες κ.λπ., είναι βέβαιο ότι η αξία του θα έπεφτε κάτω του ενός δολαρίου, ουσιαστικά θα εξαφανίζονταν.

Συν το ότι το bitcoin έχει αρκετά άλλα μειονεκτήματα, όπως: ανταγωνισμό από άλλα κρυπτονομίσματα, δεν είναι απολύτως ασφαλές, δεν έχετε φερειπείν διαβάσει για μεγάλες κλοπές σε ανταλλακτήρια κ.λπ.; ... ή ένας σκληρός δίσκος που τα περιέχει μπορεί να χαλάσει και να χαθούν ή το αρχείο που τα περιέχει να γίνει corrupted και να χαθούν κ.λπ.. Και άλλο ένα μειονέκτημα του bitcoin, είναι ότι ακριβώς επειδή είναι 'άναρχο', εάν από κάπου σου κλέψουν bitcoin, δεν θα σε αποζημιώσει κάποιος, ενώ π.χ. εάν από μια τράπεζα, κλέψουν ευρώ, τα χρήματά μας, είναι εγγυημένα (από την ίδια την τράπεζα και ευρύτερα, από την Αρχή / Πολιτεία) και δεν θα λείψουν από τον Λογαριασμό μας.

Τέλος, θα σας αναφέρω τι θα συνέβαινε εάν το bitcoin με κάποιο τρόπο που εγώ δεν τον βλέπω, στο μέλλον υιοθετούνταν μαζικά από όλο τον πληθυσμό, τονίζω ότι δεν το βλέπω καθόλου πιθανό, αλλά το συζητάω για χάρη της κουβέντας... Αυτή η επικράτηση του bitcoin, δηλαδή ενός κρυπτο-νομίσματος, που δεν θα ελέγχονταν από καμία Αρχή, θα ήταν σε μικρό βάθος χρόνου, εξαιρετικά επικίνδυνη για την πραγματική οικονομία. **Γιατί;** Διότι ενώ ο πληθωρισμός όταν είναι υψηλός, κάνει προφανώς ζημιά (στην οικονομία και συμβάλλει στην πτώση του βιοτικού επιπέδου της μεγάλης πλειοψηφίας των πολιτών), ωστόσο όταν είναι χαμηλός και ελεγχόμενος, ενεργεί ως επί το πλείστον θετικά, κυρίως διότι αποτρέπει χρεοκοπίες, καθιστά τα προϊόντα μιας χώρας ελκυστικότερα, τονώνει κατ' επέκταση την παραγωγή, και συνεπακόλουθα την απασχόληση και εμμέσως το εισόδημα.

Εάν λοιπόν με κάποιο τρόπο που το βλέπω απίθανο, επικρατούσε διεθνώς το bitcoin, και αντικαθιστούσε το δολάριο, επειδή το bitcoin είναι άκαμπτο στα 21 εκατ. (και στην ουσία μικρότερο λόγω των οριστικά χαμένων bitcoin), εύκολα θα επέρχονταν από την σε κύκλους λειτουργία της οικονομίας, σε κάποια δυνατή ύφεση και ουσιαστικά με ένα νόμισμα που από κατασκευής του είναι μη πληθωριστικό, η ύφεση θα έφτανε στα μεγέθη αυτής του 1929 και δεν θα μπορούσε να αντιμετωπισθεί κιόλας από τις κυβερνήσεις, διότι δεν θα είχαν κανέναν έλεγχο επί του νομίσματος – bitcoin (για να καταπολεμήσουν την κρίση, πληθωρίζοντάς την).

Και δεδομένου ότι σήμερα η οικονομία σε όλο τον πλανήτη μας είναι παγκοσμιοποιημένη, η ύφεση που θα επέρχονταν θα ήταν τέτοιου μεγέθους, που θα έκανε αυτή του 1929 και κοντινών ετών, να φαντάζει μικρή... με λίγα λόγια, σε αυτό το σενάριο που το bitcoin θα επικρατούσε διεθνώς, **η καταστροφή θα ήταν σε σύντομο χρόνο, απερίγραπτη**. Ευτυχώς βέβαια, που μιλάμε για ένα φανταστικό σενάριο, το οποίο δεν έχει τις δυνατότητες πραγματοποίησης.

Chapter 9
Bitcoin's Supporters ...

Written 16-09-2019

> Risk comes from not knowing what you're doing.
> (famous quote from Warren Buffett)

In 1993 Warren Buffett spoke to graduate students at Columbia University's Business School in New York City. Reporter Jim Rasmussen wrote about the event in January 1994 in the "Omaha World-Herald" of Nebraska.

A student asked Buffett how he evaluated investments and risk, and Buffett used the Washington Post Company as an example of a safe investment circa 1973. He stated that the company's market value at that time was underestimated because it was substantially lower than the value of the properties it owned. Plus, it was being run by honest and able people who all had a significant part of their net worth in the business. It was ungodly safe, said Buffett and added: It wouldn't have bothered me to put my whole net worth in it. Not in the least. Risk comes from not knowing what you're doing.

Bitcoin's supporters, when they are discussing about bitcoin and exchanging arguments with other people that are sceptics, when they meet difficulties, usually when they discuss against a strong controversialist, they end up with a proposal that is more or less the following:

... But I mention and stress that one should not put all of his money / savings into bitcoin, but a small part that can afford to lose it.

This small proposition, which come from the bitcoin's supporters, has a *greeaat* significance, and we must not pass it instantly. **Why?** These bitcoin's supporters, aren't the same ones that telling us, for the revolutionary and tremendous potential of bitcoin, how this WILL overturn and change the global monetary and financial system? But if they really believe it, then their proposal that often end up, would not be the one aforementioned, but it would be some like this:

Because Bitcoin has these and even more awesome prospects, which are unavoidable, then it is a safe bet and it is advisable, to put on it all the money / savings that someone has, and if not all, definitely the most of it; it would be the right thing to invest in bitcoin the larger portion of his savings.

In other words, the proposal from the bitcoin's supporters, essentially should ended up, in a Strong Buy statement, in order to meet and honor their own arguments, about the tremendous potential of bitcoin. See again the quote of Warren Buffett, above...

Bitcoin's supporters tell us again and again, these 'exotic' financial and tech arguments, which according to them, are showing that bitcoin is **inevitable** to prevail... Of course, it's been a decade since the first cryptocurrency advent (Bitcoin), at a time that information and knowledge is spreading rapidly, but bitcoin has not prevailed globally - as currency - yet (ends of 2019); its supporters say it will prevail in the future, and if you ask them, when? In the next two years? In the next five years, ten years, twenty years? You will get no clear answer except that it WILL happen sometime in the future. But they are very talkative about the bitcoin target-prices: they will show you patterns, they will analyze trends, they will speak of incomprehensible models, that all of them, indicate that by the end eg. of two years, bitcoin's price will reach again the 20,000 dollars (levels at historic peak of late 2017), the 50 thousand dollars, the other says $100k, the other $200k ... **whatever every bitcoin's 'expert' and 'guru' wants, announce it publicly**. Does it cost anything? ... it's his opinion, and he publicizes it because... Why? You give the answer...

Of course the bitcoiners opinion on the estimated price of bitcoin in the short term is very clear, an exact number, but their opinion about when the bitcoin will finally prevail globally, even in the long run, is completely unclear and foggy; they don't want to take a position. **Why indeed?** If they put their money into bitcoin, can't they clearly tell us what developments will occur, what will happen and in what timeframe, to justify its expected (huge) price rise? Why the bitcoin's **outcome** (short-term price-rise) is clear (contains specific numbers and time range), when the **preceding cause** (if there is one), is unclear both as to progress and the relevant timeframe for its implementation? Is it logical from a vague and foggy reason, to get a clear result?

Bitcoin's supporters, argue for the inevitable rise and prevalence of bitcoin as a currency - an international currency. They say it is unavoidable, however, in the proposition that they end up, when they have a difficult time discussing the theme (*…should not put all of his money / savings into bitcoin, but a small part that can afford to lose it*) since **they accept**, albeit indirectly, **that there is a particularly high risk** - because when you say that placement should be a small part of your savings and money, because it can be lost and you have to be prepared for this possibility, on the one hand, it shows that they think there is such a possibility (to lose money), on the other hand they indirectly reveal that this "new fruit" is extremely risky.

And how this is possible and logical, if Bitcoin's global dominance is a safe one-way, surely an unavoidable evolution? If the rationale for Bitcoin's inevitable dominance was true, then bitcoin would be a no-brainer asset to invest in, it would be a safe bet.

And it's usually us, the skeptics on bitcoin, that we say to its supporters, in our discussions, that: *All these exotic econo-tech you say, are 'nice' but there are many factors, that can contribute either individually or in combination, so that bitcoin does not prevail internationally. And of course, if things do turn out that way, in a non favourable way for bitcoin, then all this potential upside might turn out to be inferior to real conditions, and so, its price will collapse.*

And how can things turn out so negatively for bitcoin? Quite succinctly, with its conflict with the interests of the powerful states' governments, with the development of other better and smarter cryptocurrencies, and thus more competitive etc. - I have already discuss on these in the other chapters.

So what we, the skeptics about bitcoin, say in our discussions with its supporters, while its supporters reject it, but ultimately and indirectly, accept it when they themselves conclude that one must put a small portion of his savings / money in bitcoin, such that he can afford to *lose it*.

This little proposition of bitcoin supporters, indicates **gambling**. This very same small phrase (you can lose money), could be used as a warning, in casinos that have gambling games, so that the players and not investors, of course, to be aware that it is likely to lose their money. And I tell you, that the possibility to lose your money in gambling is a highly one, almost a certainty. Gambling is a game against the odds, that's why in casinos, where the odds are in favor of the casino (enterprise) and against the players, and as a rule, the casinos win and players lose; *the same happens often and similarly in the stock markets* (playing against the odds because you are moving like a flock, like pigs going for slaughter), *through speculation*; they called themselves traders and 'investors' but in reality they are mindless speculators, and eventually lose their money.

The bitcoin market, as we speak, has become a big bubble internationally, as bitcoin has a cyclicality (it has this idiom compared to other bubbles of the past) because of the exoticity of cryptocurrencies and the analyses of bitcoin's tele-evangelists kind 'gurus' that declare a great future, the crowd globally is entering bitcoin but clearly in a speculative way.

The people (better sheeple) are not acquiring bitcoin to use it in transactions, which for a whole decade have been practically scarce on a global level. Those who buy, they buy because they are convinced that in the market, bitcoin can reach $ 20,000, then $

50,000, $ 70,000, $ 100, $ 200 and up to a million...... That is no different than a Ponzi-like scheme.

For those of you who don't know, Ponzi is a money-making scheme as long as new players come into it: I got into today's levels and after a while, I can take eg. the money I gave x 3, because in the meantime they came in and 'funded' my high profit, four new players. Those new players in turn, they will each earn double or triple their money if for each of them, respectively, another foursome comes in shortly afterwards - so 4 x 4 = 16 new players, to 'fund' the huge gains for the previous four, and the Ponzi game can go on, and so the price of the underlying asset may reach the skies, until some time and eventually, this is realized, all this madness and how much the Ponzi-shaped bubble has escaped any real conditions, and then bursts, with devastating consequences for those who are still in the bubble: **they lose their money**.

So, exactly this has been the case with bitcoin in recent years and to date. Bitcoin's supporters are fueling its rise, by advertising how revolutionary it is and how its dominance is inevitable - which 'justifies' higher prices. However, they are mostly clear and specific on prices (it will reach X thousand dollars within that time frame), but for some strange reason, they are completely unclear as to the cause that will drive and justify the evolution and rise on bitcoin's price (they do not tell the facts and the timeframe they will occur; they just tell exotic theories). So what are they doing in reality? Even if they tell us, that they are investors and long-term hodlers? .... they just speculate on bitcoin, the same way they were speculating eg. back in 17th century all those that were dreaming and have hallucinations, with tulips.

I do not have any problem with speculation. It is a characteristic of the markets, sometimes a profitable one. Indeed, I could in a stock marketed asset, which I would have concluded to be a bubble or a potential bubble, and if I saw a strong trend (and after I had realize the risk), to position myself in this asset, in order to win. But I wouldn't invent a bunch of cryptoanalyses and crypto-gospels and crypto-revelations, to convince myself (or the others) that the bubble is not a bubble.

Finally, Bitcoin's supporters try to give merit to bitcoin and other cryptos too, by mentioning that many universities all over the globe, offer Crypto Courses. But there is a catch: universities do offer courses on the wider field, but this is not equivalent to being in favor of cryptocurrencies. Universities have seen that there is a new technology, the blockchain, that can offer opportunities to businesses, and explore this new field. Remember the example of the Libra venture, led by Facebook: a digital stablecoin, that can help to leverage its customer base and increase its turnover and profits. The fact that a company can create something like this, doesn't add value to bitcoin; on the contrary and to some extent, it can be competitive to bitcoin (= not good for bitcoin). Further, blockchain can help businesses to create specialized solutions to their customers, and develop useful apps. But be careful! We are talking about specialized / individual / single / isolated uses, and nothing of creation of a currency / money that will dethrone USD and take its place and therefore, its value can go to sky. Blockchain is not, just cryptos.

Κεφάλαιο 9
Οι υποστηρικτές του Bitcoin ...

Γραμμένο στις 16-09-2019

Risk comes from not knowing what you're doing.
Μετάφραση: Ο κίνδυνος πηγάζει από το να μην γνωρίζεις τι κάνεις.
(απόφθεγμα από τον Warren Buffett)

Ειπώθηκε το 1993, από τον Warren Buffett, που μιλούσε σε φοιτητές στο Business School του Columbia University στην Νέα Υόρκη. Ο δημοσιογράφος Jim Rasmussen έγραψε για αυτό το event λίγο αργότερα το 1994 στην εφημερίδα "Omaha World-Herald".

Ένας φοιτητής ρώτησε τον Buffett πως αξιολογεί τις επενδύσεις και το ρίσκο, και ο Buffett χρησιμοποίησε την εταιρία Washington Post Company, ως παράδειγμα μιας ασφαλούς επένδυσης γύρω στο 1973. Σημείωσε ότι η αξία της εταιρίας στην αγορά εκείνη την περίοδο ήταν υποτιμημένη διότι ήταν σημαντικά χαμηλότερη από την ακίνητη περιουσία που διέθετε. Συν, ότι η εταιρία διευθύνονταν από ειλικρινείς και ικανούς ανθρώπους που είχαν ένα σημαντικό μέρος της περιουσίας τους σε αυτή την business. Ήταν υπερβολικά ασφαλής, είπε ο Buffett και πρόσθεσε: Δεν θα με ενοχλούσε να βάλω όλη μου την περιουσία σε αυτήν. Το ρίσκο προέρχεται από το να μην γνωρίζεις τι κάνεις.

[Με άλλα λόγια, το ρίσκο πηγάζει από την άγνοια, όταν δεν γνωρίζεις αυτό με το οποίο ασχολείσαι. Εάν γνωρίζεις, σε βάθος, τότε το ρίσκο εξαλείφεται]

Οι υποστηρικτές του bitcoin, όταν πιάνουν κουβέντα και ανταλλάσουν επιχειρήματα, όταν τα βρίσκουν δύσκολα, συνήθως δηλαδή όταν απέναντί τους υπάρχει ένας ισχυρός αντίλογος, καταλήγουν σε μια πρόταση που λίγο πολύ είναι ως η ακόλουθη:

Μα και εγώ λέω, ότι δεν πρέπει κανείς να βάζει όλα τα χρήματά του στο bitcoin, αλλά ένα μικρό μέρος, που να μπορεί να το αντέξει έως και να το χάσει.

Αυτή η προτασούλα, που την συναντάς από τους υποστηρικτές του bitcoin, έχει πολυυυύ ουσία, για να την ξεπεράσουμε. **Γιατί;** Αυτοί οι ίδιοι οι υποστηρικτές του bitcoin, δεν είναι αυτοί που μας λένε, για τις φοβερές και τρομερές δυνατότητες του bitcoin, το πως αυτό ΘΑ ανατρέψει και αλλάξει το χρηματοοοικονομικό σύστημα διεθνώς; Μα εάν το πίστευαν πραγματικά, τότε η προτασούλα τους που συχνά καταλήγουν, δεν θα ήταν η προαναφερθείσα, αλλά θα ήταν του στυλ:

Επειδή έχει αυτές και αυτές τις φοβερές προοπτικές, οι οποίες είναι αναπόφευκτες, τότε είναι ένα ασφαλές στοίχημα και κρίνουμε σκόπιμο, να τοποθετεί κανείς αν όχι όλα του τα λεφτά σε αυτό, τουλάχιστον το μεγαλύτερο μέρος αυτών.

Η πρόταση με άλλα λόγια, θα κατέληγε ουσιαστικά σε μια δήλωση strong buy (ισχυρή αγορά). Δείτε ξανά το απόφθεγμα του Buffett στο ξεκίνημα του παρόντος Κεφαλαίου...

Μας λένε οι υποστηρικτές του bitcoin, ξανά και ξανά, αυτά τα χρηματοτεχνολογικά 'εξωτικά' επιχειρήματα, που κατ' αυτούς δείχνει πως είναι **αναπόφευκτο** ότι το bitcoin ΘΑ επικρατήσει... Βεβαίως έχει περάσει μια δεκαετία από το λανσάρισμα του πρώτου κρυπτονομίσματος, σε μια εποχή που οι πληροφορίες και γνώση διαδίδονται τάχιστα, αλλά το bitcoin μόνο να επικρατεί διεθνώς ως νόμισμα δεν έχει δείξει – άλλο αυτό, οι υποστηρικτές του λένε ότι ΘΑ γίνει στο μέλλον, και αν τους ρωτήσεις, πότε; Στην επόμενη διετία; Στην επόμενη πενταετία, δεκαετία, εικοσαετία; Απάντηση σαφή δεν θα πάρεις, παρά μόνο ότι ΘΑ, ότι θα γίνει κάποια στιγμή στο μέλλον. Όμως για τους στόχους της τιμής bitcoin, είναι πολύ πιο εύγλωτοι: τι patterns θα σου δείξουν, τι τάσεις θα αναλύσουν, που όλα δείχνουν, ότι το αργότερο στην διετία, θα φτάσει τα 20 χιλιάρικα ξανά (επίπεδα της ιστορικής κορυφής των τελών του 2017), τα 50 χιλιάρικα, άλλος λέει 100, άλλος 200, **ό,τι θέλει ο καθένας 'ειδικός' και 'guru' λέει**. Κοστίζει τίποτα άλλωστε; Γνώμη του και την δημοσιοποιεί... Γιατί; Δώστε μόνοι σας την απάντηση...

Βεβαίως η γνώμη τους όσον αφορά την εκτιμώμενη τιμή του bitcoin σε βραχυμεσοπρόθεσμη περίοδο, είναι σαφέστατη, με νούμερο, αλλά η γνώμη τους για το πότε επιτέλους θα επικρατήσει το bitcoin διεθνώς, ακόμα και σε μακροπρόθεσμη περίοδο, είναι εντελώς ασαφής – δεν θέλουν να πάρουν θέση. **Γιατί άραγε;** Αν βάζουν τα χρήματά τους σε αυτό, δεν μπορούν να αιτιολογήσουν με σαφήνεια τις εξελίξεις που θα συμβούν, ποιες θα είναι αυτές και σε τι χρονικό βάθος, που θα δικαιολογήσουν την τιμή που εκτιμούν ότι θα φτάσει; Γιατί το **παραγόμενο** (τιμή που θα φτάσει βραχυμεσοπρόθεσμα) το bitcoin είναι σαφές (περιέχει νούμερα και χρονικό εύρος), όταν το **προηγούμενο** που θα προκαλέσει την εξέλιξη αυτή (αν την προκαλέσει), το **αίτιο** δηλαδή, είναι ασαφές και ως εξέλιξη και όσον αφορά στον σχετικό χρονικό ορίζοντα υλοποίησής της; Γίνεται από ένα ασαφές αίτιο, να προκύψει ένα σαφές αποτέλεσμα;

Οι υποστηρικτές του bitcoin, επιχειρηματολογούν στην αναπόφευκτη άνοδο και επικράτηση του bitcoin ως νόμισμα – συναλλακτικό μέσο, διεθνώς. Λένε ότι είναι αναπόφευκτο, ωστόσο στην προτασούλα που καταλήγουν όταν δυσκολεύει η συζήτηση (... δεν πρέπει κανείς να βάζει όλα τα χρήματά του στο bitcoin, αλλά ένα μικρό μέρος, που να μπορεί να αντέξει έως και να το χάσει) αφού **δέχονται, έστω εμμέσως, ότι υπάρχει ιδιαιτέρως αυξημένο ρίσκο** – διότι όταν λες ότι η τοποθέτηση θα πρέπει να είναι μικρό κομμάτι των αποταμιεύσεων και χρημάτων σου, διότι μπορεί και να χαθεί και πρέπει να είσαι προετοιμασμένος για αυτή την πιθανότητα, αφενός δείχνει ότι θεωρούν πως υπάρχει τέτοια πιθανότητα, αφετέρου αποκαλύπτουν εμμέσως ότι το εν λόγω «νέο φρούτο», ενέχει ρίσκο και μάλιστα μεγάλο. Και πως γίνεται αυτό, εάν η επικράτησή του είναι μονόδρομος και αναπόφευκτη ως εξέλιξη; Εάν ήταν αλήθεια το σκεπτικό της αναπόφευκτης επικράτησής του, τότε το bitcoin θα ήταν ένα no-brainer προς επένδυση asset.

Και συνήθως είμαστε εμείς, οι σκεπτικιστές όσον αφορά το bitcoin, που λέμε στους υποστηρικτές του, στις συζητήσεις που κάνουμε, ότι: *Ωραία αυτά τα εξωτικά οικονομοτεχνολογικά που λέτε, αλλά υπάρχουν παράγοντες και μάλιστα πολλοί, που μπορούν να συμβάλλουν είτε μεμονωμένα, είτε συνδυαστικά, στο να μην προχωρήσει το πράμα, άρα το bitcoin να μην επικρατήσει διεθνώς. Και βέβαια εάν όντως εξελιχθούν έτσι τα πράματα, ας πούμε μη ευχάριστα για το bitcoin, τότε συνεπακόλουθα, όλη αυτή η τυχόν κίνηση που ενδεχομένως θα έχει υλοποιήσει η τιμή του προς τα πάνω,* θα αποδειχτεί ανυπόστατη σε σχέση με τις πραγματικές συνθήκες, οπότε και η τιμή του θα καταρρεύσει.

Και πως μπορεί να εξελιχθούν έτσι αρνητικά τα πράγματα για το bitcoin; Εντελώς επιγραμματικά, με την σύγκρουσή του με τα συμφέροντα των κυβερνήσεων των ισχυρών κρατών, με την ανάπτυξη άλλων καλύτερων κρυπτονομισμάτων, άρα και ανταγωνιστικότερων κ.λπ. – τα έχω αναλύσει πολλάκις στα προηγούμενα Κεφάλαια.

Αυτό λοιπόν που εμείς, οι σκεπτικιστές όσον αφορά το bitcoin, λέμε στις συζητήσεις μας με τους υποστηρικτές του, ενώ οι υποστηρικτές του το απορρίπτουν, ωστόσο εντέλει και εμμέσως, το δέχονται, όταν οι ίδιοι καταλήγουν στην προτασούλα ότι κάποιος πρέπει να βάζει μικρό μέρος των αποταμιεύσεών του και χρημάτων του στο bitcoin, τέτοιο που να μπορεί να αντέξει, έως και να το χάσει.

Η προτασούλα αυτή, των υποστηρικτών του bitcoin, δείχνει **τζόγο**. Την ίδια αυτή προτασούλα, θα μπορούσε να την έλεγαν προειδοποιώντας, τα καζίνο που έχουν παιχνίδια τζόγου (gambling games), ως μια προειδοποίηση προς τους παίκτες και όχι επενδυτές βέβαια, ότι υπάρχει πιθανότητα να χάσουν τα χρήματά τους. Και εγώ σας λέω και αυξημένη. Ο τζόγος είναι τύχη (στο καζίνο, όπου οι πιθανότητες είναι υπέρ του καζίνο και κατά των παικτών, και γι' αυτό τα καζίνο κερδίζουν και οι παίκτες χάνουν), αλλά συχνά και ιδίως στις χρηματιστηριακές αγορές, είναι το speculation / κερδοσκοπία.

Η αγορά του bitcoin φερειπείν, έχει καταστεί μια μεγάλη φούσκα διεθνώς, η οποία όσο υπάρχει το bitcoin παρουσιάζει μια κυκλικότητα (έχει αυτή την ιδιαιτερότητα σε σχέση με άλλες φούσκες του παρελθόντος) καθώς λόγω της εξωτικότητάς του κρυπτονομίσματος και των αναγνωσμάτων των τύπου τηλε-ευαγγελιστών υποστηρικτών του περί ενός σπουδαίου μέλλοντος, ο κόσμος μπαίνει στο bitcoin αλλά χρηματιστηριακά, καθαρά κερδοσκοπικά. Ο κόσμος δεν αποκτά bitcoin για να τα χρησιμοποιήσει λειτουργικά σε συναλλαγές, οι οποίες ουσιαστικά και εδώ και μια δεκαετία, παραμένουν σχεδόν μηδαμινές διεθνώς. Όσοι αγοράζουν, αγοράζουν διότι πείθονται ότι χρηματιστηριακά, μπορεί να φτάσει τις 20 χιλιάδες δολάρια, μετά τις 50 χιλ., τις 70 χιλ., τις 100, τις 200 μέχρι και το εκατομμύριο… Αυτό λοιπόν δεν διαφέρει σε τίποτα από ένα επιτρεπόμενο (αφού δεν είναι απαγορευμένο) σχήμα Ponzi.

Για όσους δεν γνωρίζουν, το Ponzi, είναι ένα σχήμα που παράγει χρήμα, για όσο διάστημα μπαίνουν νέοι παίκτες σε αυτό: Εγώ που μπήκα στα σημερινά επίπεδα μετά από λίγο καιρό, μπορεί να λάβω π.χ. τα τριπλάσια χρήματα διότι στο μεταξύ μπήκαν και 'χρηματοδότησαν' αυτό το υψηλό κέρδος μου, τέσσερις νέοι παίκτες. Αυτοί με την σειρά τους, θα κερδίσει ο καθένας τους διπλάσια ή τριπλάσια χρήματα εάν για τον καθένα από αυτούς, μπει αντίστοιχα άλλη μια νέα τετράδα λίγο μετά – άρα 4 x 4 = 16 νέοι παίκτες – για να 'χρηματαδοτήσουν' με την σειρά τους τα μεγάλα κέρδη της προηγούμενης τετράδος κ.ο.κ., και η τιμή μπορεί να φτάσει στα 'ουράνια' έως ότου κάποια στιγμή, γίνει αυτό αντιληπτό και πόσο η φούσκα – άτυπο σχήμα Ponzi έχει ξεφύγει από την τυχόν πραγματική κατάσταση, και τότε σκάει με ολέθριες συνέπειες για όσους είναι εντός του σχήματος-φούσκας – **χάνουν τα χρήματά τους**.

Αυτό γίνεται λοιπόν με το bitcoin κατά τα τελευταία χρόνια και έως σήμερα. Οι υποστηρικτές του, τροφοδοτούν την άνοδό του, με το να διαφημίζουν πόσο επαναστατικό είναι και πόσο αναπόφευκτη είναι η εξέλιξη της επικράτησής του – που δικαιολογεί ολοένα υψηλότερες τιμές, ωστόσο είναι ως επί το πλείστον λαλίστατοι και σαφέστατοι όσον αφορά στις τιμές (θα φτάσει τα τόσα χιλιάρικα εντός αυτού του διαστήματος), αλλά για κάποιον περίεργο λόγο, είναι εντελώς ασαφείς για το αίτιο που θα προκαλέσει και δικαιολογήσει την εξέλιξη και άνοδο της τιμής του (τα γεγονότα και το χρονικό εύρος που θα συμβούν). Άρα τι κάνουν; Και ας μας λένε ότι είναι επενδυτές και μακροχρόνιοι hodlers; Σπεκουλάρουν πάνω σε αυτό, με τον ίδιο τρόπο που σπεκούλαραν π.χ. πίσω στον 17ο αιώνα, όλοι αυτοί που ονειρεύονταν και είχαν παραισθήσεις, με τις τουλίπες (η γνωστή τουλιπομανία).

Εγώ δεν έχω κάποιο πρόβλημα με την κερδοσκοπία / speculation. Είναι ένα χαρακτηριστικό των αγορών, μερικές φορές κερδοφόρο. Μάλιστα θα μπορούσα σε ένα χρηματιστηριακά διαπραγματευόμενο asset, που έχω διαπιστώσει ότι είναι ήδη φούσκα ή εν δυνάμει, εάν έβλεπα ισχυρή τάση (και αφού είχα συνειδητοποιήσει το ρίσκο), να τοποθετηθώ για να κερδίσω και εγώ. Δεν θα εφηύρισκα όμως ένα σωρό crypto-αναλύσεις και κρυπτο-ευαγγέλια και κρυπτο-αποκαλύψεις για να πείσω τον εαυτό μου (ή τους άλλους) ότι η φούσκα δεν είναι φούσκα.

Τέλος, οι υποστηρικτές του bitcoin, προσπαθώντας να δώσουνε αξία στο bitcoin και σε άλλα κρυπτονομίσματα παρομοίως, αναφέρουν ότι μερικά πανεπιστήμια ανά τον κόσμο, προσφέρουν θέματα και ενότητες διδασκαλίας πάνω στα cryptos. Όμως υπάρχει μια 'παγίδα': ορισμένα πανεπιστήμια όντως προσφέρουν μαθήματα στο ευρύτερο πεδίο, αλλά αυτό δεν ισούται με το να είναι υπέρ των κρυπτο-νομισμάτων. Τα πανεπιστήμια, βλέπουν ότι υπάρχει μια νέα τεχνολογία, η blockchain, η οποία μπορεί να προσφέρει ευκαιρίες στις επιχειρήσεις, και γι' αυτό εξερευνούν και εισέρχονται στο εν λόγω πεδίο. Θυμηθείτε το παράδειγμα του εγχειρήματος του Libra, στο οποίο ηγείται το Facebook (η εταιρία): ένα ψηφιακό stablecoin, που μπορεί να βοηθήσει στην μόχλευση της πελατειακής της βάσης και στην αύξηση των εσόδων και κερδών της. Το γεγονός ότι μια εταιρία μπορεί να δημιουργήσει κάτι σαν αυτό, δεν προσθέτει αξία στο bitcoin. Αντιθέτως και σε κάποιο βαθμό, μπορεί να είναι ανταγωνιστικό ως προς το bitcoin (= κάτι που δεν είναι καλό για το bitcoin). Επιπλέον, η blockchain μπορεί να βοηθήσει τις επιχειρήσεις να δημιουργήσουν εξειδικευμένες λύσεις προς τους πελάτες τους, και να αναπτύξουν χρήσιμες εφαρμογές. Αλλά μιλάμε για εξειδικευμένες, μεμονωμένες, λύσεις περιορισμένες στα όρια μιας επιχείρησης, και τίποτα για δημιουργία νομίσματος/χρήματος, που μπορεί να εκθρονίσει το αμερικάνικο δολάριο, και συνεπακόλουθα, η αξία του νέου αυτού (κρυπτο)νομίσματος, να μπορεί να πάει στα ουράνια.

Να ξεχωρίσουμε λοιπόν ότι άλλο τι μπορεί να κάνει η blockchain, και άλλο τι μπορούν να κάνουν τα πραγματικά κρυπτο-νομίσματα, που αναπτύσσονται εντός αυτής.

Chapter 10
Draghi answers...

New

Mario Draghi, the President of the European Central Bank (ECB) answered to questions that some European Parliament members set, in the field of crypto and stable currencies, and blockchain. It is very interesting to read his answers, as it reveals the view on the topic, from the side of the States' authorities and the status quo institutions.

Draghi's answer to Markus Ferber

Frankfurt am Main, 25 July 2019
L/MD/19/279

Re: Your letter (QZ-036)

Honourable Member of the European Parliament, dear Mr Ferber,

Thank you for your letter, which was passed on to me by Mr Roberto Gualtieri, Chairman of the Committee on Economic and Monetary Affairs, accompanied by a cover letter dated 27 June 2019.

The European System of Central Banks (ESCB) is closely monitoring innovation in the financial sector, including stablecoin projects such as Libra [note: Libra is the stablecoin that a group of organizations led by our well-known Facebook, want to develop; an effort which is already confronts large problems and may eventually end, before it even be created]. Central banks in the ESCB are also contributing to the ongoing work of the G7 working group on stablecoins, which is chaired by ECB Executive Board member Benoît Cœuré in his capacity as Chair of the Bank for International Settlements' Committee on Payments and Market Infrastructures.

As part of this group, the ESCB carries out a comprehensive assessment of the potential risks of stablecoin initiatives to financial stability, operational and cyber resilience as well as their potential impact on the tasks of central banks, including ensuring the safety and efficiency of payment systems and the smooth conduct of monetary policy.

As large technology or financial firms could leverage vast existing customer bases to rapidly achieve a global footprint, it is imperative that authorities be vigilant in assessing risks and implications for the global financial system. Stablecoin initiatives must ensure public trust by meeting the highest regulatory standards and be subject to prudent supervision and oversight. From a regulatory perspective, stablecoins, like any other emerging financial product, should be subject to the "same business, same risks, same rules" principle based on a comprehensive assessment of their functionalities. Technology-neutral regulation not only prevents regulatory arbitrage but also helps avoid the risk of inadvertently constraining technological development. To ensure a level playing field, the ESCB intends to pursue an internationally consistent approach together with the global central bank community and standard-setting bodies.

Further engagement of stablecoin developers with the public and authorities will be required to assess these and other considerations.

Yours sincerely,
[signed]
Mario Draghi

My comment:

From Draghi's answer to Mr Ferber, is obvious that the ECB's and other similar states' institutions, toward stablecoins is strict and that they can only accept them, provided they are fully regulated and controlled (by the Institutions and Authorities), and serve the interests of the Institutions / Authorities. And we are speaking for stablecoins that are rather different to crypto-currencies, and a 'light' and 'friendly' version (for the Authorities) of digital currencies...

Draghi's answer to Eva Kaili

Frankfurt am Main, 26 September 2019
L/MD/19/330

Re: Your letter (QZ-040)

Honourable Member of the European Parliament, dear Ms Kaili,

Thank you for your letter, which was passed on to me by Mr Roberto Gualtieri, former Chairman of the Committee on Economic and Monetary Affairs, accompanied by a cover letter dated 30 July 2019.

The European System of Central Banks (ESCB) is closely monitoring innovation in the financial sector and actively exploring new technologies that may prove useful in supporting our functions in line with our mandate.

In this regard, the ESCB is analysing crypto-assets and stablecoins with a view to understanding their potential implications for monetary policy, the safety and efficiency of payments and market infrastructures, and the stability of the financial system. Thus far, stablecoins and crypto-assets have had limited implications in these areas and are not designed in ways that make them suitable substitutes for money. Nonetheless, given the rapid pace of technological development and business model evolution, this assessment may be subject to change in the future. For instance, new stablecoin arrangements (such as Libra) backed by large technology companies could have the potential for widespread adoption, both for retail and wholesale payments.

As pointed out in my letter of 25 July 2019 to your honourable colleague Mr Ferber, central banks within the ESCB also cooperate with their peers in the G7 working group on stablecoins chaired by ECB Executive Board Member Benoît Cœuré, acting in his capacity as Chair of the Bank for International Settlements' Committee on Payments and Market Infrastructures. The G7 working group has acknowledged that stablecoin initiatives highlight the need to step up ongoing public and private efforts to resolve outstanding challenges, particularly in cross-border payments and access to payment services. At the same time, stablecoin arrangements are largely untested and give rise to a host of risks and issues, including those related to monetary policy transmission, financial stability, and the smooth functioning of the global payment system and the extent to which it is trusted by the public, as well as other public policy priorities. Therefore, at their meeting on 17-18 July 2019, the G7 Finance Ministers and Central Bank Governors discussed the benefits and risks stemming from innovation in the financial sector, such as stablecoins and other product developments of potentially global and systemic nature. They agreed that regulatory and systemic concerns, as well as policy considerations, should be addressed before any such initiatives are implemented.

The ESCB is receptive to the policy questions these developments have raised regarding the suitability of existing forms of payments for meeting the new and emerging needs of economic actors. Like other central banks, the ESCB is analysing the opportunities and challenges associated with making a digital form of the euro available to the general public, while taking into consideration domestic requirements and global developments. From a central bank perspective, the key issue for a central bank digital currency is not the technology, but rather its utility in terms of costs and benefits to the public. Alongside this ongoing analysis, efforts are underway to upgrade existing payment systems and settlement services to ensure that they continue to match the needs of the markets they serve and support economic activity. One example of this is the TARGET Instant Payment Settlement (TIPS) service launched in November 2018 by the Eurosystem. It enables payment service providers to offer fund transfers to their customers in real time and around the clock, every day of the year.

Yours sincerely,
[signed]
Mario Draghi

My comment:

Once again it is very clear rom Draghi's answer to Ms Kaili, that the view / position of ECB and other similar states' institutions, in regard to bitcoin and other crypto-currencies, is a polite denial because the crypto-currencies (not only bitcoin) do not serve the view and interests of these States' Authorities and Institutions. Those Authorities and Institutions like central banks, will accept anything that can succeed today's paper money, but to function under the strict regulation and limitations and interests of those Authorities and Institutions, and this can be - and will be - a form of a digital stablecoin. But this has nothing to do with cryptos. The digital stablecoin can offer strong safety standards, speed of money transferring and much lower cost than paper money. It is ideal for central banks; it is the 'tomorrow' of money.

Speaking of this, Tunisia recently, has announced in November 2019 (and according to some articles), the launch of its digital currency, the 'E-dinar.' With this, the small North African country claims to be the first country to launch a central bank digital currency (CBDC). But later on, Tunisia's Central Bank denied from its official web-site these articles and rumours about the Central Bank of Tunisia's adoption of a digital currency solution.

Also, in late 2019, Jerome Powell, Chairman of the Federal Reserve in USA, wrote in a letter to lawmakers that "We have assessed and we continue to carefully analyze the costs and benefits of pursuing such an initiative in the U.S...." (was referring to the possibility of developing a digital currency that would be directly available to businesses and households).

Anyway, all these developments, gives no boost or more interest and better potential on the real crypto-currencies (bitcoin among them).

Κεφάλαιο 10
Οι απαντήσεις του Μάριο Ντράγκι ...

Νέο

Ο Μάριο Ντράγκι, Πρόεδρος της Ευρωπαϊκής Κεντρικής Τράπεζας (ΕΚΤ) απάντησε σε Ερωτήσεις που έθεσαν ορισμένα μέλη του Ευρωκοινοβουλίου, στο πεδίο των stable currencies και cryptocurrencies, όπως και της τεχνολογίας blockchain. Είναι πολύ ενδιαφέρον να διαβάσουμε τις Απαντήσεις του, καθώς αποκαλύπτει την άποψη στο θέμα, από την πλευρά των κρατικών αρχών και θεσμών του status quo.

Η απάντηση του Ντράγκι στον Markus Ferber

Φρανκφούρτη, 25 Ιουλίου 2019
L/MD/19/279

Απ: Στην Επιστολή σας (QZ-036)

Αξιότιμο Μέλος του Ευρωκοινοβουλίου, αγαπητέ κ. Ferber,

Σας ευχαριστώ για το γράμμα σας, το οποίο μου μεταφέρθηκε από τον κ. Roberto Gualtieri ... [περνάω τα τυπικά και πάω στην απάντηση]...

Το Ευρωπαϊκό Σύστημα των Κεντρικών Τραπεζών (European System of Central Banks - **ESCB**) παρακολουθεί από κοντά την καινοτομία στον χρηματοοικονομικό χώρο, που περιλαμβάνει projects στα stablecoin όπως το Libra [σημείωση: το stablecoin που επιθυμεί να αναπτύξει ένα σύνολο οργανισμών με επικεφαλής το γνωστό μας Facebook, και το οποίο ήδη αντιμετωπίζει δυσκολίες και ίσως τελικά ναυαγήσει πριν καν ξεκινήσει]. Οι Κεντρικές τράπεζες στο ESCB, συμβάλλουν στην σε εξέλιξη εργασία του G7 working group πάνω στα stablecoins, στο οποίο προεδρεύει το Εκτελεστικό Μέλος της ΕΚΤ, Benoît Cœuré υπό την ιδιότητά του ως προέδρου της Επιτροπής Πληρωμών και Υποδομών των Αγορών της Τράπεζας Διεθνών Διακανονισμών.

Ως μέρος αυτής της ομάδος, το ESCB διεξάγει μια συνολική εκτίμηση των δυνητικών κινδύνων που ενέχουν οι πρωτοβουλίες των stablecoin για τη χρηματοπιστωτική σταθερότητα, την επιχειρησιακή και διαδικτυακή ανθεκτικότητα, καθώς και τον πιθανό αντίκτυπό τους στα καθήκοντα των κεντρικών τραπεζών, συμπεριλαμβανομένης της ασφάλειας και της αποτελεσματικότητας των συστημάτων πληρωμών και της ομαλής διεξαγωγής της νομισματικής πολιτικής.

Καθώς μεγάλες τεχνολογικές ή χρηματοοικονομικές εταιρίες, θα μπορούσε να ωθήσουν και κατευθύνουν τις ς τεράστιες υπάρχουσες βάσεις πελατών τους και να επιτύχουν γρήγορα ένα παγκόσμιο αποτύπωμα, είναι επιτακτική ανάγκη οι αρχές να επαγρυπνούν για την εκτίμηση των κινδύνων και των επιπτώσεων στο παγκόσμιο χρηματοπιστωτικό σύστημα. Οι πρωτοβουλίες στα stablecoin πρέπει να εξασφαλίζουν την εμπιστοσύνη του κοινού με την τήρηση των υψηλότερων ρυθμιστικών προτύπων και να υπόκεινται σε συνετή επίβλεψη και εποπτεία. Από κανονιστική σκοπιά, τα stablecoin, όπως και κάθε άλλο αναδυόμενο χρηματοοικονομικό προϊόν, θα πρέπει να υπόκεινται στην αρχή της "ίδιας επιχείρησης, ίδιων κινδύνων, ίδιων κανόνων", βάσει μιας συνολικής αξιολόγησης των λειτουργιών τους. Η ουδέτερη προς την τεχνολογία ρύθμιση, όχι μόνο εμποδίζει το ρυθμιστικό αρμπιτράζ αλλά και αποτρέπει τον κίνδυνο ακούσιου περιορισμού της τεχνολογικής ανάπτυξης. Προκειμένου να εξασφαλιστούν ισότιμοι όροι ανταγωνισμού, το ESCB προτίθεται να ακολουθήσει μια διεθνώς συνεπή προσέγγιση μαζί με την παγκόσμια κοινότητα των κεντρικών τραπεζών και τους οργανισμούς τυποποίησης.

Η περαιτέρω δέσμευση των προγραμματιστών που αναπτύσσουν stablecoin, με το κοινό και τις αρχές, θα πρέπει να γίνει αντικείμενο αξιολόγησης αυτών, όπως και να ληφθούν υπόψη και άλλοι παράμετροι.

Με εκτίμηση,
[υπογραφή]
Μάριο Ντράγκι

Το σχόλιό μου:

Από την απάντηση του Ντράγκι στον κ. Ferber, είναι φανερό ότι η θέση της ΕΚΤ και άλλων κρατικών θεσμών, ως προς τα stablecoins είναι αυστηρή και μπορεί να τα δεχτούν, υπό την προϋπόθεση ότι θα υπάρχει ένα κανονιστικό και ελεγκτικό πλαίσιο (από τους Θεσμούς και Αρχές), και θα εξυπηρετούν τα συμφέροντα των Θεσμών / Αρχών. Και μιλάμε για τα stablecoins που είναι σημαντικά διαφορετικά σε σχέση με τα crypto-currencies, και αποτελούν μια 'ελαφρύτερη' και 'φιλική' έκδοση (για τις Αρχές) των ψηφιακών νομισμάτων - digital currencies...

Η απάντηση του Ντράγκι στην Εύα Καϊλή

Φρανκφούρτη, 26 Σεπτεμβρίου 2019
L/MD/19/330

Απ: Στην Επιστολή σας (QZ-040)

Αξιότιμο Μέλος του Ευρωκοινοβουλίου, αγαπητή κα Καϊλή,

Σας ευχαριστώ για το γράμμα σας ... [περνάω τα τυπικά και πάω στην απάντηση]...

Το Ευρωπαϊκό Σύστημα Κεντρικών Τραπεζών (European System of Central Banks - ESCB) παρακολουθεί στενά τις καινοτομίες στον χρηματοοικονομικό χώρο και διερευνά ενεργητικά νέες τεχνολογίες που ίσως αποδειχτούν χρήσιμες στην υποστήριξη των λειτουργιών μας σε συμφωνία με τις εντολές μας.

Σε αυτό το πλαίσιο, το ESCB αναλύει τα crypto-assets και stablecoins με σκοπό την κατανόηση των πιθανών επιπτώσεών τους στη νομισματική πολιτική, την ασφάλεια και την αποδοτικότητα των πληρωμών και των υποδομών της αγοράς και τη σταθερότητα του χρηματοπιστωτικού συστήματος. Έως τώρα, τα stablecoins και crypto-assets έχουν περιορισμένες επιπτώσεις σε αυτές τις περιοχές και δεν είναι σχεδιασμένα με τρόπους που να τα καθιστούν κατάλληλα υποκατάστατα για το χρήμα. Παρ'όλα αυτά, δεδομένου του ταχύτατου ρυθμού εξέλιξης της τεχνολογίας και της εξέλιξης των επιχειρηματικών μοντέλων, αυτή η αξιολόγηση ενδέχεται να αλλάξει στο μέλλον. Για παράδειγμα, τα νέα εγχειρήματα σε stablecoin (όπως το Libra) που υποστηρίζονται από μεγάλες εταιρείες τεχνολογίας θα μπορούσαν να έχουν τη δυνατότητα ευρείας υιοθέτησης, τόσο για πληρωμές λιανικής όσο και χονδρικής.

Όπως επισημάνθηκε στην επιστολή μου της 25ης Ιουλίου 2019 στον αξιότιμο συνάδελφό σας κ. Φερμπέρ, οι κεντρικές τράπεζες εντός του ESCB συνεργάζονται επίσης με τους εταίρους τους στο G7 working group στο θέμα των stablecoins υπό την προεδρία του Benoît Cœuré, Εκτελεστικό Μέλος της ΕΚΤ, δρώντας στα πλαίσια των αρμοδιοτήτων του, ως Πρόεδρος της Επιτροπής Πληρωμών και Υποδομών Αγοράς της Τράπεζας Διεθνών Διακανονισμών. Το G7

working group αναγνώρισε ότι οι πρωτοβουλίες στα stablecoin, υπογραμμίζουν την ανάγκη ενίσχυσης των συνεχιζόμενων δημόσιων και ιδιωτικών προσπαθειών για την επίλυση των εκκρεμουσών προκλήσεων, ιδίως όσον αφορά τις διασυνοριακές πληρωμές και την πρόσβαση στις υπηρεσίες πληρωμών. Την ίδια ώρα, οι πρωτοβουλίες στα stablecoin δεν έχουν κατά βάση ελεγχθεί και να αναδύονται έτσι ένα πλήθος κινδύνων και ζητημάτων, συμπεριλαμβανομένων εκείνων που σχετίζονται με τη μεταβίβαση της νομισματικής πολιτικής, τη χρηματοπιστωτική σταθερότητα και την ομαλή λειτουργία του παγκόσμιου συστήματος πληρωμών και το βαθμό εμπιστοσύνης του κοινού, καθώς και άλλες προτεραιότητες δημόσιας πολιτικής.
Ως εκ τούτου, κατά τη σύνοδό τους στις 17-18 Ιουλίου 2019, οι Υπουργοί Οικονομικών του G7 και οι Διοικητές Κεντρικών Τραπεζών συζήτησαν τα οφέλη και τους κινδύνους που απορρέουν από την καινοτομία στον χρηματοπιστωτικό τομέα, όπως τα stablecoins και άλλες προϊοντικές εξελίξεις ενδεχομένως παγκόσμιου και συστημικού χαρακτήρα. Συμφώνησαν ότι πρέπει να αντιμετωπιστούν οι ρυθμιστικές και συστημικές ανησυχίες, καθώς και οι πολιτικές εκτιμήσεις, πριν εφαρμοστούν οι πρωτοβουλίες αυτές.

Το ESCB είναι δεκτικό στις ερωτήσεις πολιτικού περιεχομένου που έθεσαν αυτές οι εξελίξεις όσον αφορά την καταλληλότητα των υφιστάμενων μορφών πληρωμών για την αντιμετώπιση των νέων και αναδυόμενων αναγκών των οικονομικών παραγόντων. Όπως άλλες κεντρικές τράπεζες, το ESCB αναλύει τις ευκαιρίες και προκλήσεις που σχετίζονται με την δημιουργία μιας ψηφιακής μορφής του Ευρώ (€) διαθέσιμης στο ευρύ κοινό, λαμβάνοντας παράλληλα υπόψη τις εγχώριες απαιτήσεις και τις παγκόσμιες εξελίξεις. Από την οπτική της κεντρικής τράπεζας, το κομβικό θέμα για ένα ψηφιακό νόμισμα κεντρικής τράπεζας δεν είναι η τεχνολογία, αλλά τη χρησιμότητά της όσον αφορά το κόστος και τα οφέλη για το κοινό.

Παράλληλα με αυτή τη συνεχιζόμενη ανάλυση, βρίσκονται σε εξέλιξη προσπάθειες για την αναβάθμιση των υπαρχόντων συστημάτων πληρωμών και των υπηρεσιών διακανονισμού, προκειμένου να διασφαλιστεί ότι εξακολουθούν να ανταποκρίνονται στις ανάγκες των αγορών που εξυπηρετούν και να στηρίζουν την οικονομική δραστηριότητα. Ένα παράδειγμα αυτού είναι η υπηρεσία TARGET Instant Payment Settlement (TIPS) που ξεκίνησε το Νοέμβριο του 2018 από το Ευρωσύστημα. Δίνει τη δυνατότητα στους παρόχους υπηρεσιών πληρωμών να προσφέρουν μεταφορές κεφαλαίων στους πελάτες τους σε πραγματικό χρόνο και όλο το εικοσιτετράωρο, κάθε μέρα του έτους.

Με εκτίμηση,
[υπογραφή]
Μάριο Ντράγκι

Το σχόλιό μου:

Για άλλη μια φορά είναι πολύ καθαρό από την απάντηση του Ντράγκι στην κα Καϊλή, ότι η άποψη / θέση της ΕΚΤ και άλλων παρόμοιων κρατικών θεσμών, σε σχέση με το bitcoin και αλλά κρυπτο-νομίσματα, είναι μια ευγενική άρνηση διότι τα κρυπτο-νομίσματα (όχι μόνο το bitcoin) δεν εξυπηρετούν την άποψη και συμφέροντα αυτών των κρατικών Αρχών και Θεσμών. Αυτές οι Αρχές και Θεσμοί όπως οι κεντρικές τράπεζες, θα δεχτούν οτιδήποτε που μπορεί να διαδεχθεί τα σημερινά χάρτινα χρήματα, αλλά να λειτουργεί υπό στην αυστηρή ρύθμιση και περιορισμούς και εξυπηρετώντας τα συμφέροντα αυτών των Αρχών και Θεσμών. Συνεπώς αυτό μπορεί να είναι – και θα είναι – μια μορφή ενός ψηφιακού stablecoin. Αλλά αυτό δεν έχει να κάμει τίποτα με τα cryptos. Το ψηφιακό stablecoin μπορεί να προσφέρει υψηλά στάνταρντς ασφαλείας, ταχύτητα στην μεταφορά του χρήματος και ένα πολύ χαμηλότερο κόστος από το χάρτινο χρήμα. Είναι ιδανικό για τις κεντρικές τράπεζες – είναι το χρήμα του 'αύριο'.

Μιλώντας περί αυτού, η Τυνησία πρόσφατα και σύμφωνα με ορισμένα δημοσιεύματα, ανακοίνωσε τον Νοέμβριο του 2019, το λανσάρισμα του δικού της ψηφιακού νομίσματος, το 'E-dinar.' Με αυτό, το μικρό βορειοαφρικανικό κράτος διατείνεται ότι είναι η πρώτη χώρα που λανσάρει ένα ψηφιακό νόμισμα κεντρικής τράπεζας (central bank digital currency - CBDC). Αλλά λίγο αργότερα, η Κεντρική Τράπεζα της Τυνησίας αρνήθηκε με ανακοίνωση-δελτίο τύπου από το επίσημο web-site της, αυτά τα άρθρα και φήμες, παρόλο που και αυτή 'βλέπει' και παρακολουθεί τις εξελίξεις.

Επίσης, προς τα τέλη του 2019, ο Jerome Powell, Πρόεδρος της Federal Reserve (Κεντρικής Τράπεζας) στις ΗΠΑ, έγραψε σε μια Επιστολή προς τους νομοθέτες, ότι "Αξιολογήσαμε και συνεχίζουμε να αναλύουμε προσεκτικά το κόστος και τα οφέλη από την υλοποίηση μιας τέτοιας πρωτοβουλίας στις ΗΠΑ..." (αναφερόταν στη δυνατότητα ανάπτυξης ψηφιακού νομίσματος που θα ήταν άμεσα διαθέσιμο στις επιχειρήσεις και τα νοικοκυριά).

Σε κάθε περίπτωση, αυτές οι εξελίξεις και οι οπτικές των Αρχών και Θεσμών, όπως διαφαίνεται μέσω της επιστολής Ντράγκι, **δεν δίδουν καμία ώθηση και ενίσχυση και δεν συμβάλλουν στην αύξηση του ενδιαφέροντος και στην καλύτερη προοπτική στα πραγματικά κρυπτο-νομίσματα** (μεταξύ των οποίων και το bitcoin).

Chapter 11
What about the Trends???

New

When something is widely revolutionary, as bitcoiners claim for bitcoin (and for others crypto-currencies too), must be proved in reality. What I mean? New products and services that were really revolutionary, were adopted by people all over the world and became a "hit" globally. And they were adopted widely, in an increased rate and pace as time passed because they were "revolutionary" = very useful, "friendly" and trendy. All these are 'reflecting' in a tool that we can use to measure the interest of the people over time.

What is this tool? ... **Google Trends**, the web-based app of our well known Google.

So, let's experiment a little with some products, that we know that were revolutionary.

• **What Google Trends is showing for iPhone?**

The iPhone is the first smartphone designed and marketed by Apple Inc. The first iPhone was officially announced on January 9, 2007. Let's have a look in its first decade through Google Trends:

The iPhone was a really revolutionary product, because was the first product globally of a new generation of 'smartphones', offering for first time in history a touchscreen instead of physical keypad, and was one device, that was small, handy, with a nice design, and included: a cell phone, a camera, video, radio/music player, video-games, a calculator, a flash-light, a watch telling the hour as also a stop-watch, a timer, an alarm clock, a portable TV, a portable voice recorder, a tinny computer, internet connection, a GPS, and I may forget others... so the people all over the world, embrace it and besides we already know it, it is also reflected on Google Trends. As we can see on the graph above, the interest of the people worldwide, as it is measured by Google Trends and for iPhone, was increased for about the six first years after its launch ; then, the interest is still high but seems to be a little bit reduced, as an average, probably because of the competition it emerged from other companies like Samsung, Huawei etc. (see below graph).

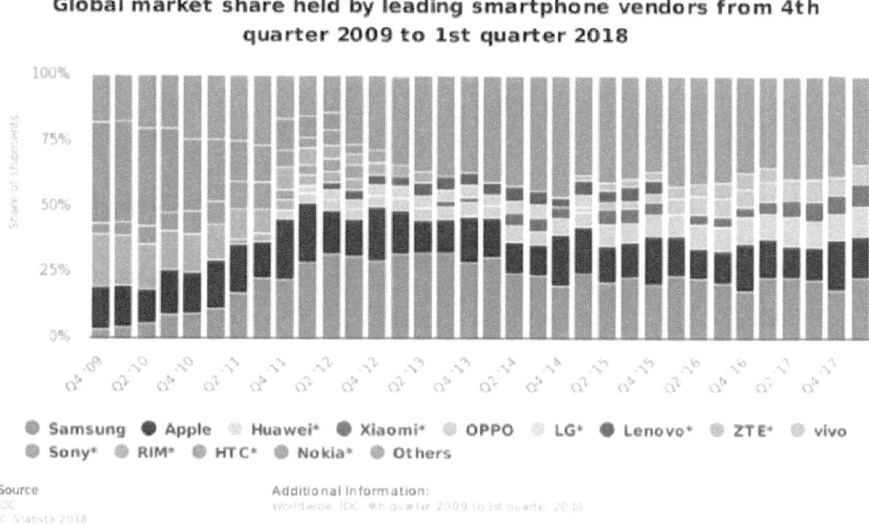

What we learned from iPhone on Google Trends? That when a product / service is 'revolutionary' the people embrace it and that it is shown on Google Trends. When competition emerges, the interest is becoming lower and lower over time, because the people's interest is spread among other competitive products.

• **What Google Trends is showing for Airbnb?**

Airbnb Inc, founded in August 2008, and offered a revolutionary 'product' in the field of lodging and tourism. Basically it created the form of short-rentals for homes, apartments etc. and gave to home-owners or home admins to have an income from their house, apartment etc., that was quite larger than this of long-rentals. Airbnb also offered a competitive alternative to tourists and visitors of some place, than hotels, eg. it offered nice houses and apartments in a lower cost than hotels' rooms – and usually the Airbnb apartments are quite larger and better equipped than hotels' rooms. Let's have a look in its first decade through Google Trends:

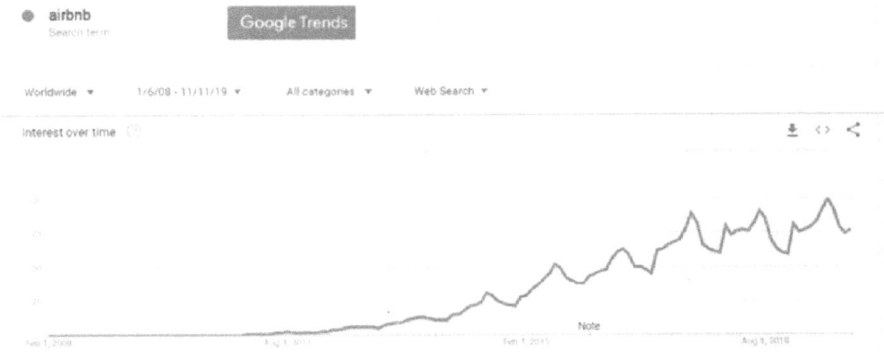

As we can see from the above graph, the interest on airbnb as it is shown on Google Trends, it's increasing. Obviously because it is really revolutionary and is expanding till now, although some competition has emerged, because it is still the larger platform for short-rentals and keeps expanding globally.

• **What Google Trends is showing for Teslas?**

Although electric cars are not something new, however it is with TESLA, the company of Elon Musk, that electric cars become competitive. Tesla Motors was incorporated in July 2003 and offered for first time in history, an affordable series of competitive on features, characteristics, performance etc, electric cars, so it can be considered as a revolutionary product. Let's have a look in its first decade through Google Trends:

Once again, we can see that the interest on Google Trends about the Teslas, is consistent with the picture we have: this, of a product that is revolutionary and expanding.

• **What Google Trends is showing for google?**

Now, let's see what Google Trends is showing about ... google. Yes, google, we now know that was a revolutionary internet based app, that changed our lives and make things for us, much more easier:

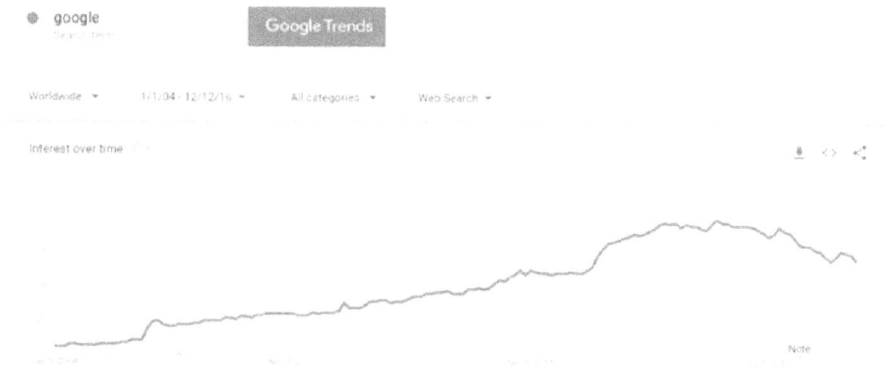

As we can see for the term google, it showed an ever-increasing formation till 2014, then it drops. And this is consistent with what we know: people used more and more google, but in the last years the interest is reduced because other new and interesting apps have emerged; so google is the King but confronts an expanding competition.

• **What Google Trends is showing for bitcoin?**

Now let's see what the Google Trends is showing for bitcoin. If all those that the bitcoiners say, stands (that bitcoin, is revolutionary, that is the best among cryptocurrencies, that its use is spreading all over the world, it will become the dominant currency globally and no one can prevent this etc), we should see an ever-increasing formation... Let's have a look in its first decade:

Is this, do we see a similar pattern with the previous mentioned revolutionary products (iPhone, Airbnb, Tesla)? **No way**. This is not the pattern and formation, that we expect to see from a real revolutionary product, that is embraced by the crowd and its use is expanding significantly and globally. Not at all. More on that, if we exclude from the graph, the peaks of 2013 and 2017, that the interest rocketed because of the bitcoin's market bubbles (in other words because of speculators that the only thing was interesting to them, was the 'easy money' and nothing else), then its graph for the first decade of a real revolutionary product, the first of its kind and the stronger and better... it is revealed from Google Trends that things are not as bitcoiners say... it is obvious that the people worldwide, in its first decade, have not embraced bitcoin... there is no excuse, and the only logical assumption is that bitcoin is not revolutionary, as the above mentioned products (iPhone, Airbnb, Teslas).

Having in mind that in the above interest on bitcoin, a large part of it, it is due to speculators that they have not adopt bitcoin as a currency and their only interest is market speculation and short-term gains, we can see the real interest of bitcoin, from the graph of the last two years:

Once again, we can see that the interest on bitcoin, is not increasing: the above graph of about the last two years (2018 and 2019), it is not showing an ascending interest, and this pattern is not consistent to this of a revolutionary and wide-accepted product.

But how we can see the real interest on bitcoin, the interest of the people that use bitcoin and do not speculate on it? By measuring the term bitcoin accept or bitcoin accepted, because if I used bitcoin, I would like to search, where it is accepted and where I can buy things with it. Let's see those specific graphs:

In both of the last two graphs that we have isolated the functional interest on bitcoin, we cannot see an increasing pattern ; see that the levels of interest on the last two years, is lower than the levels of 2013 and 2014; we would expect, a real revolutionary product, to have an increased interest but this is not happening here; the interest is lower than about four years ago. This is not the pattern, of a real revolutionary product (see again the patterns on theirs first decades, in the cases of iPhone, Airbnb, Tesla, google). It is also obvious from the graphs, that the market bubbles help in a small rate the expansion of real interest on bitcoin, because whenever existed market bubbles on bitcoin (2013 and 2017), the real interest (search terms: bitcoin accept, bitcoin accepted) is also increasing significantly but later on, decreases a lot.

The bigger part on bitcoin's interest, is from market speculators, and this is revealed from the search terms, buy bitcoin, sell bitcoin - yes, the search term *buy bitcoin* is a speculative one, because if someone wants to speculate on bitcoin, he must first, buy, then sell. In the graph below we have those two search terms, compared with the terms, bitcoin accept, bitcoin accepted. The speculative terms (buy bitcoin, sell bitcoin) are those you can see in the graph, as the functional terms (bitcoin accept, bitcoin accepted) are the lower ones, that hardly can see. The search term *sell bitcoin* has big interest but lower than the term *buy bitcoin*. Why? Because the first thing when you have ignorance and you want to speculate on bitcoin, is to buy. Then and usually, the platforms that you are using to buy bitcoin (exchanges) serve you also, to sell when you want to. So, someone that is ignorant and wants just to speculate on bitcoin, searches how to **buy bitcoin**, but then he knows how to sell as it usually it is the same way he bought; that's why the term *sell bitcoin* is showing much lower interest levels than the term *buy bitcoin*.

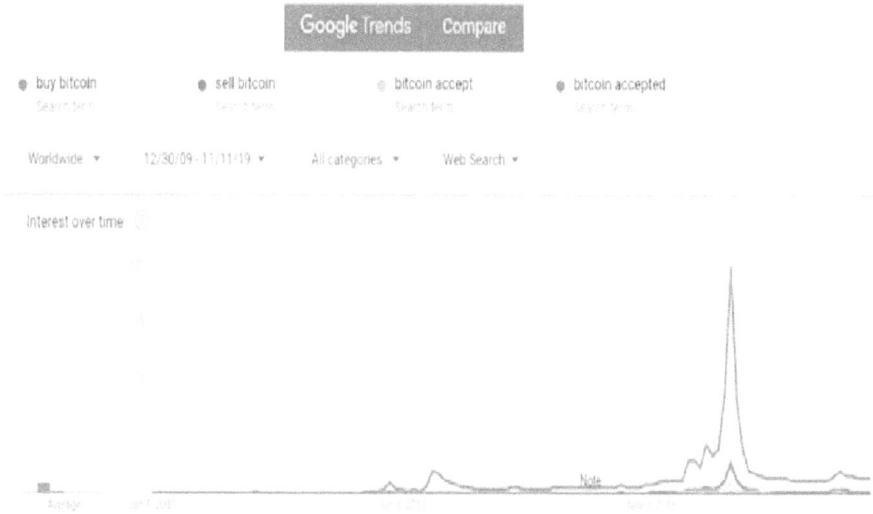

In order to see better the functional interest, in the next graph, we excluded the term *buy bitcoin*, and left the graph with the terms: sell bitcoin, bitcoin accept, bitcoin accepted. The gap between the speculative interest (sell bitcoin) is huge compared to functional interest (bitcoin accept, bitcoin accepted).

Now let's compare the "revolutionary" bitcoin with other interesting things, having them in the same graph. Next, we can see that the interest in the last decade, when bitcoin created, is much bigger to the search term **google**, and in **iPhone** and in **Airbnb**, than the search term **bitcoin** (with the whole speculation), because the aforementioned things- products, were really revolutionary.

Bitcoiners say that bitcoin is currency / money that will be the dominant money globally, surpassing the US dollar, today's dominant currency/money. Let's see what Google Trends showing about this.

The search term **USD** (the US dollar) has a rising formation, and people's interest is much bigger than the interest on bitcoin (with the exception of 2017 bubble, when the interest on bitcoin and because of the bubble, went at sky) – see the bars at left; **the worldwide interest on bitcoin is not rising**, and as it seems, if the trends remain as they are, soon the interest on bitcoin, will be lower than **EUR** (euro, the currency of Eurozone).

Of course, this is not the 'behavior' we expect for a "currency" that claims will dominate globally. **Not even close.**

Finally, I present you the comparison graph of **bitcoin** and **airbnb**, as the latter is the closest in bitcoin's interest levels.

Both of them, bitcoin and airbnb, **were born almost the same time**, so their comparison is crucial: we can see that basically the interest is larger on airbnb and increases steadily over time, as we expect for a revolutionary product with wide adoption from people/consumers, while in bitcoin and if we exclude the influence of 2013 and 2017 market bubbles (those extreme peaks), is not the pattern of a revolutionary product.

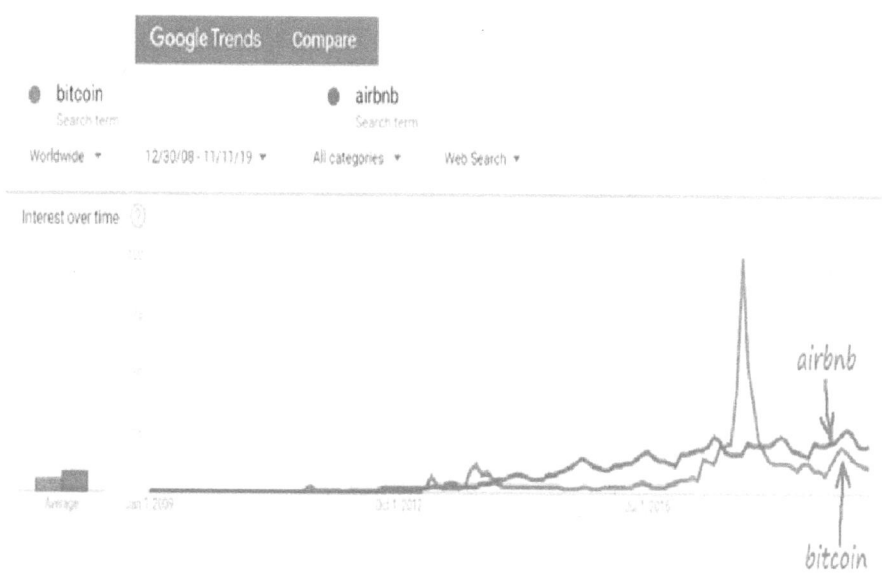

Google Trends is a common measurement tool and it is not someone's subjective opinion: it is an objective tool – **and Google Trends don't lie**! Bitcoin is not revolutionary, neither the people embrace it, over time. Whenever the interest seems increased on bitcoin, is just due to short-term speculation that soon, pops and decline. It is proved: has happened in 2013 and 2017.

Κεφάλαιο 11
Τι μας δείχνουν οι Τάσεις;;;

Νέο

Όταν κάτι είναι ευρέως επαναστατικό, όπως υποστηρίζουν οι οπαδοί του bitcoin (ισχύει και για τα άλλα κρυπτο-νομίσματα επίσης), πρέπει να αποδειχτεί στην πραγματικότητα. Τι εννοώ; Νέα προϊόντα και υπηρεσίες που είναι πραγματικά επαναστατικά, υιοθετούνται από τον κόσμο παγκοσμίως και γίνονται ένα "hit" διεθνώς. Και υιοθετούνται ευρέως, με έναν αυξανόμενο βαθμό και ρυθμό καθώς περνά ο καιρός, ακριβώς επειδή είναι "επαναστατικά" = πολύ χρήσιμα, φιλικά στην χρήση και trendy. Όλα αυτά 'αντανακλώνται' σε ένα εργαλείο που μπορούμε να χρησιμοποιήσουμε για να μετρήσουμε το ενδιαφέρον των ανθρώπων στο πέρασμα του χρόνου.

Ποιο είναι αυτό το εργαλείο; ... το **Google Trends**, η βασιζόμενη στο διαδίκτυο εφαρμογή της πολύ γνωστής μας Google.

Ας πειραματιστούμε λοιπόν λίγο με κάποια προϊόντα, για τα οποία γνωρίζουμε ότι ήταν επαναστατικά.

• **Τι μας δείχνει το Google Trends για το iPhone;**

Το iPhone είναι το πρώτο smartphone που σχεδιάστηκε και προωθήθηκε στην αγορά από την Apple Inc. Το πρώτο iPhone ανακοινώθηκε επισήμως τον Ιανουάριου του 2007. Ας ρίξουμε μια ματιά στην πρώτη του δεκαετία μέσω του Google Trends:

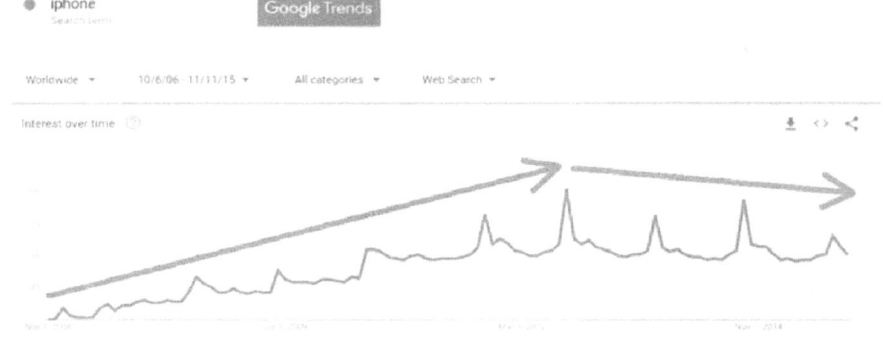

Το iPhone ήταν ένα πραγματικά επαναστατικό προϊόν, διότι ήταν το πρώτο προϊόν διεθνώς της νέας γενιάς 'smartphones', προσφέροντας για πρώτη φορά στην ιστορία μια οθόνη αφής αντί του φυσικού πληκτρολογίου, και ήταν μια συσκευή, η οποία ήταν μικρή, χειρός, με ωραία σχεδίαση, και η οποία περιελάμβανε: κινητό τηλέφωνο, φωτογραφική μηχανή, βιντεοκάμερα, ραδιόφωνο/music player, βιντεο-παιγνίδια, αριθμομηχανή, φακό, ένα ρολόι που μας λέει την ώρα, όπως επίσης ένα χρονόμετρο, αντίστροφη μέτρηση, ξυπνητήρι, μια φορητή τηλεόραση, ηχογράφηση, έναν μικροσκοπικό ηλεκτρονικό υπολογιστή, σύνδεση και πλοήγηση στο internet, συσκευή GPS, και μπορεί να ξεχνάω και άλλα ... συνεπώς οι άνθρωποι σε όλο τον κόσμο, το υποδέχτηκαν θερμά και το «αγκάλιασαν», και αν το γνωρίζουμε ήδη, αυτό αντανακλάται επίσης στο Google Trends. Όπως μπορούμε να δούμε στο παραπάνω γράφημα, το ενδιαφέρον του κόσμου διεθνώς, όπως μετριέται από το Google Trends και όσον αφορά στο iPhone, ήταν αυξανόμενο για τα περίπου έξι πρώτα χρόνια από το λανσάρισμά του. Έπειτα, το ενδιαφέρον παραμένει επίσης υψηλό αλλά ολίγο μειωμένο, πιθανότατα λόγω του ανταγωνισμού που αναπτύχθηκε από άλλες εταιρείες όπως η Samsung, Huawei κλπ. (βλ. παρακάτω γράφημα που επιβεβαιώνει ότι οφείλεται στον ανταγωνισμό).

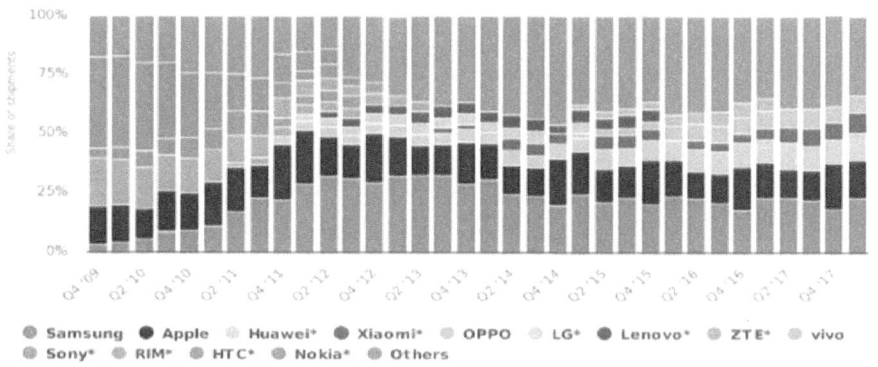

Τι μάθαμε από το iPhone στο Google Trends; Ότι όταν ένα προϊόν / υπηρεσία είναι 'επαναστατικό' ο κόσμος το υιοθετεί δυναμικά και αυτό αποτυπώνεται στο Google Trends, διότι έχει να κάνει με ενδιαφέρον και αναπόφευκτες σχετικές αναζητήσεις. Όταν όμως αναπτύσσεται ανταγωνισμός, το ενδιαφέρον χαμηλώνει με τον καιρό, διότι το ενδιαφέρον του κόσμου, χωρίζεται και σπάει, μεταξύ άλλων ανταγωνιστικών προϊόντων.

• **Τι μας δείχνει το Google Trends για την Airbnb;**

Η Airbnb Inc., ιδρύθηκε στα μέσα του 2008, και προσέφερε ένα επαναστατικό 'προϊόν' στο πεδίο της στέγασης και τουρισμού. Βασικά δημιούργησε την μορφή των βραχυχρόνιων μισθώσεων για σπίτια, διαμερίσματα κ.λπ. και έδωσε στους ιδιοκτήτες των ακινήτων ή σε διαχειριστές αυτών, να έχουν ένα εισόδημα από τα σπίτια, διαμερίμσατά τους κ.λπ., το οποίο ήταν αρκετά υψηλότερο από αυτό των μακροχρόνιων μισθώσεων των ακινήτων. Η Airbnb προσέφερε επίσης μια ανταγωνιστική εναλλακτική σε τουρίστες και επισκέπτες σε οποιοδήποτε σημείο, σε σχέση με τα ξενοδοχεία, π.χ. προσέφερε ωραία σπίτια και διαμερίσματα σε χαμηλότερο κόστος από τα ξενοδοχειακά δωμάτια – και συνήθως, τα διαμερίσματα airbnb είναι αρκετά μεγαλύτερα και καλύτερα εξοπλισμένα από τα δωμάτια των ξενοδοχείων. Ας ρίξουμε μια ματιά στην πρώτη δεκαετία της Airbnb μέσω του Google Trends:

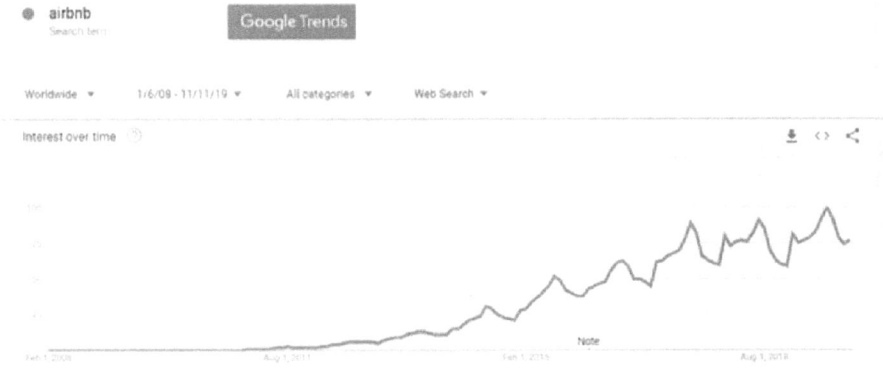

Όπως μπορούμε να δούμε από το παραπάνω γράφημα, το ενδιαφέρον για το airbnb όπως απεικονίζεται στο Google Trends, είναι αυξανόμενο. Προφανώς διότι είναι πραγματικά επαναστατικό και είναι επεκτεινόμενο έως σήμερα, παρόλο που έχει αναπτυχθεί κάποιος ανταγωνισμός, το ενδιαφέρον του κόσμου παραμένει, διότι είναι ακόμη η μεγαλύτερη πλατφόρμα για βραχυχρόνιες μισθώσεις και εξακολουθεί να επεκτείνεται διεθνώς, σε διάφορα μέρη και χώρες που έως σήμερα δεν είχε, τουλάχιστον εκτενή παρουσία.

• **Τι μας δείχνει το Google Trends για τα Tesla;**

Αν και τα ηλεκτρικά αυτοκίνητα δεν είναι κάτι νέο, ωστόσο είναι με την TESLA, την εταιρεία του Elon Musk, που τα ηλεκτρικά αυτοκίνητα έγιναν ανταγωνιστικά. Η Tesla Motors ιδρύθηκε στα μέσα του 2003 και προσέφερε για πρώτη φορά στην ιστορία, με ένα αποδεκτό κόστος, μια σειρά ηλεκτρικών αυτοκινήτων με ανταγωνιστικά, χαρακτηριστικά και επιδόσεις σε σχέση με τα συμβατικά βενζινοκίνητα, και για αυτό, μπορεί να θεωρηθεί επαναστατικό προϊόν. Ας ρίξουμε μια ματιά στην πρώτη της δεκαετία μέσω πάντα, του Google Trends:

Για άλλη μια φορά, βλέπουμε ότι το ενδιαφέρον στο Google Trends για τα Tesla, είναι συνεπές με την εικόνα που έχουμε: αυτή, ενός προϊόντος που είναι επαναστατικό και επεκτεινόμενο. Το ενδιαφέρον, συνεχώς ανοδικό.

• **Τι μας δείχνει το Google Trends για το google;**

Τώρα, ας δούμε τι μας δείχνει το Google Trends σχετικά με το ... google. Ναι, το google, γνωρίζουμε σήμερα, ότι αποτέλεσε μια επαναστατική βασιζόμενη στο διαδίκτυο εφαρμογή, που άλλαξε τις ζωές μας και έκανε τα πράγματα για εμάς, πολύ ευκολότερα:

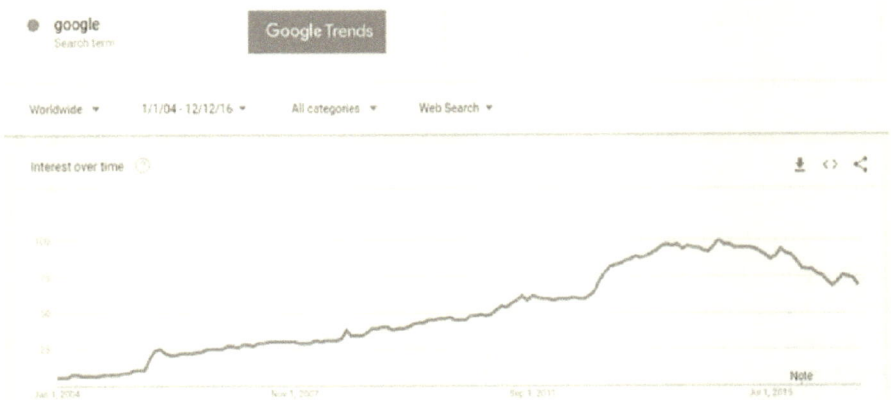

Όπως μπορούμε να δούμε από τον όρο google, φαίνεται ένας ολοένα αυξανόμενος σχηματισμός έως το 2014, και έπειτα ακολουθεί καθοδική πορεία. Και αυτό είναι συνεπές με ό,τι γνωρίζουμε σχετικά: οι άνθρωποι παντού, χρησιμοποιούσαν ολοένα και περισσότερο το google, αλλά στα τελευταία χρόνια το ενδιαφέρον έχει μειωθεί διότι άλλες, νέες και ενδιαφέρουσες εφαρμογές έχουν παρουσιαστεί. Συνεπώς το google είναι ο Βασιλιάς, αλλά αντιμετωπίζει έναν αυξανόμενο ανταγωνισμό σε όλα τα πεδία.

• **Τι μας δείχνει το Google Trends για το bitcoin;**

Τώρα στο θέμα μας, το bitcoin, να δούμε τι μας δείχνει αντίστοιχα το Google Trends. Εάν όλα όσα αναφέρουν οι υποστηρικτές του bitcoin, ευσταθούν (ότι το bitcoin είναι επαναστατικό, το καλύτερο μεταξύ των κρυπτο-νομισμάτων, ότι η χρήση του επεκτείνεται ταχέως, ότι θα καταστεί παγκόσμιο νόμισμα και κανείς δεν μπορεί να το εμποδίσει κλπ, κλπ), θα έπρεπε να βλέπαμε ένα ολοένα ανοδικό σχηματισμό στο ενδιαφέρον...

.... Ας ρίξουμε λοιπόν μια ματιά στην πρώτη δεκαετία του bitcoin:

Είναι αυτό, ένα παρόμοιο μοτίβο με τα προαναφερθέντα επαναστατικά προϊόντα (iPhone, Airbnb, Tesla, google); **Με κανένα τρόπο**. Αυτό δεν είναι το μοτίβο και σχηματισμός, που περιμένουμε να δούμε από ένα πραγματικά επαναστατικό προϊόν, το οποίο το 'αγκαλιάζει' ο κόσμος και η χρήση του επεκτείνεται σημαντικά και διεθνώς. Καθόλου. Επιπλέον πάνω σε αυτό, εάν από το γράφημα του Google Trends, αφαιρέσουμε τις έντονα ανοδικές κινήσεις-κορυφές των ετών 2013 και 2017, που το ενδιαφέρον εκτοξεύθηκε λόγω των φαινομένων φούσκας του bitcoin (με άλλα λόγια εξ αιτίας των κερδοσκόπων που το μόνο πράγμα που τους ενδιέφερε, ήταν τα 'εύκολα χρήματα' και τίποτα παραπάνω), τότε το γράφημα της πρώτης δεκαετίας του bitcoin, ενός προϊόντος που σύμφωνα με τους υποστηρικτές του, είναι πραγματικά επαναστατικό, το πρώτο του είδους του και το καλύτερο και ισχυρότερο μεταξύ του είδους του (μεταξύ των cryptos), αποκαλύπτεται από το Google Trends ότι τα πράγματα δεν είναι όπως λένε οι bitcoiners... είναι φανερό ότι ο κόσμος διεθνώς, στην πρώτη του δεκαετία, δεν έχει αγκαλιάσει το bitcoin... δεν υπάρχει δικαιολογία, και η μόνο λογική υπόθεση είναι ότι δεν είναι επαναστατικό, όπως τα προαναφερθέντα προϊόντα (iPhone, Airbnb, Teslas, google).

Έχοντας υπόψη ότι στο παραπάνω ενδιαφέρον για το bitcoin, ένα μεγάλο μέρος του, το μεγαλύτερο, οφείλεται στους κερδοσκόπους, οι οποίοι δεν υιοθετούν το bitcoin ως νόμισμα (λειτουργικά) και το μόνο ενδιαφέρον τους είναι η κερδοσκοπία στην αγορά και τα βραχυπρόθεσμα κέρδη, μπορούμε να δούμε την πορεία του ενδιαφέροντος για το bitcoin, από το γράφημα της τελευταίας διετίας (περίπου 2018 και 2019):

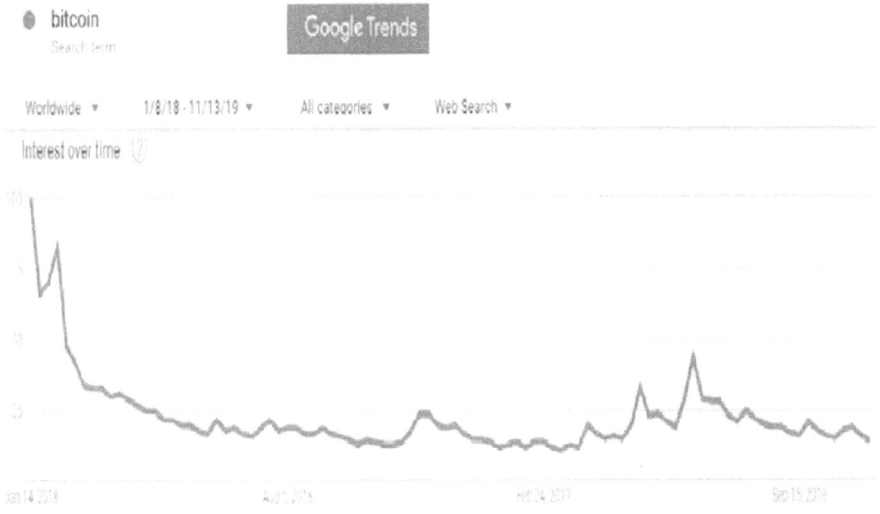

Για άλλη μια φορά, βλέπουμε ότι το ενδιαφέρον στο bitcoin, δεν αυξάνεται: στο άνωθεν γράφημα, διάρκειας περίπου των δύο τελευταίων ετών, δεν δείχνει ένα αυξανόμενο ενδιαφέρον, και αυτό το μοτίβο, δεν το λες και συνεπές προς ένα επαναστατικό και ευρέως αποδεκτό προϊόν.

Όμως πως μπορούμε να δούμε το πραγματικό ενδιαφέρον για το bitcoin, το ενδιαφέρον των ανθρώπων που χρησιμοποιούν bitcoin και δεν κερδοσκοπούν απλά με αυτό; Μετρώντας με τον όρο bitcoin accept ή bitcoin accepted (bitcoin αποδεκτό), διότι εάν χρησιμοποιούσα bitcoin, θα αναζητούσα, που είναι αποδεκτό και που μπορώ να αγοράσω πράγματα με αυτό. Ας δούμε τα συγκεκριμένα γραφήματα:

Και στα δύο παραπάνω τελευταία γραφήματα, στα οποία έχουμε απομονώσει το **λειτουργικό ενδιαφέρον στο bitcoin**, δεν βλέπουμε έναν ανοδικό σχηματισμό. Δείτε τα επίπεδα του ενδιαφέροντος στα τελευταία περίπου δύο χρόνια, που έχουμε σημειώσει την περιοχή, και το ενδιαφέρον είναι μικρότερο από αυτό των ετών 2013 και 2014 – θα αναμέναμε ένα πραγματικά επαναστατικό προϊόν να έχει αυξανόμενο ενδιαφέρον, αλλά δεν φαίνεται κάτι τέτοιο. Το ενδιαφέρον περίπου σήμερα, είναι χαμηλότερο από ό,τι ήταν πριν περίπου τέσσερα χρόνια. Αυτό δεν είναι pattern, ενός πραγματικά επαναστατικού προϊόντος (δείτε ξανά τα patterns των πρώτων δεκαετιών στις περιπτώσεις των iPhone, Airbnb, Tesla, google).

Είναι φανερό από τα γραφήματα, ότι οι φούσκες που παρατηρήθηκαν στην αγορά του bitcoin, βοήθησαν σε έναν μικρό βαθμό στην επέκταση και του πραγματικού ενδιαφέροντος για αυτό, διότι όταν υπήρξαν φούσκες στο bitcoin (έτη 2013 και 2017), το πραγματικό λειτουργικό ενδιαφέρον (όροι αναζήτησης: bitcoin accept, bitcoin accepted) αυξάνεται επίσης σημαντικά, αλλά αργότερα μειώνεται σημαντικά. Φαίνεται ότι όταν το bitcoin, χρηματιστηριακά εκτοξεύεται, ακούγεται πολύ, και μεταξύ αυτών που το ακούν, είναι και κάποιοι που δεν είναι speculators, αλλά ενδιαφέρονται πραγματικά και λειτουργικά γι' αυτό.

Το πολύ μεγαλύτερο μέρος του συνολικού ενδιαφέροντος για το bitcoin, είναι από κερδοσκόπους της αγοράς (market speculators), και αυτό αποκαλύπτεται από τους όρους αναζήτησης, **buy bitcoin**, **sell bitcoin** [αγορά bitcoin, πώληση bitcoin] - ναι, ο όρος αναζήτησης *buy bitcoin* είναι κυρίως κερδοσκοπικός και χρησιμοποιείται από τους market speculators, διότι εάν κάποιος θέλει να επιχειρήσει να κερδοσκοπήσει στο bitcoin, πρέπει πρώτα να το αγοράσει, μετά να πουλήσει.

Στο παρακάτω γράφημα έχουμε αυτούς τους δύο όρους αναζήτησης, σε σύγκριση όμως με τους όρους, *bitcoin accept, bitcoin accepted*. Οι κερδοσκοπικοί όροι αναζήτησης (buy bitcoin, sell bitcoin) είναι που βλέπετε άνετα στο γράφημα, καθώς οι λειτουργικοί όροι (bitcoin accept, bitcoin accepted) έχουν ενδιαφέρον πολύ μικρότερο, που μετά δυσκολίας μπορεί να ιδωθεί στο γράφημα. Ο όρος αναζήτησης *sell bitcoin* [πώληση bitcoin] έχει μεγάλο ενδιαφέρον από τον κόσμο, μικρότερο όμως από τον όρο *buy bitcoin* [αγορά bitcoin]. Γιατί; Διότι το πρώτο πράγμα που ενώ έχεις άγνοια και θέλεις να κερδοσκοπήσεις στο bitcoin, είναι να αγοράσεις. Έπειτα και συνήθως, οι πλατφόρμες που χρησιμοποιείς για να αγοράσεις bitcoin (crypto exchanges) σε εξυπηρετούν επίσης, να πουλήσεις όταν θελήσεις. Συνεπώς, κάποιος που έχει άγνοια και θέλει να κερδοσκοπήσει στο bitcoin, κάνει αναζήτηση πως να αγοράσει, **buy bitcoin**, αλλά έπειτα, αφού έχει αγοράσει, γνωρίζει πως να πουλήσει, που συνήθως είναι με τον ίδιο τρόπο με τον οποίο αγόρασε (χρήση της ίδιας εφαρμογής) – γι' αυτό ο όρος αναζήτησης στο google, *sell bitcoin* παρουσιάζει πολύ μικρότερα επίπεδα ενδιαφέροντος από τον όρο, *buy bitcoin*.

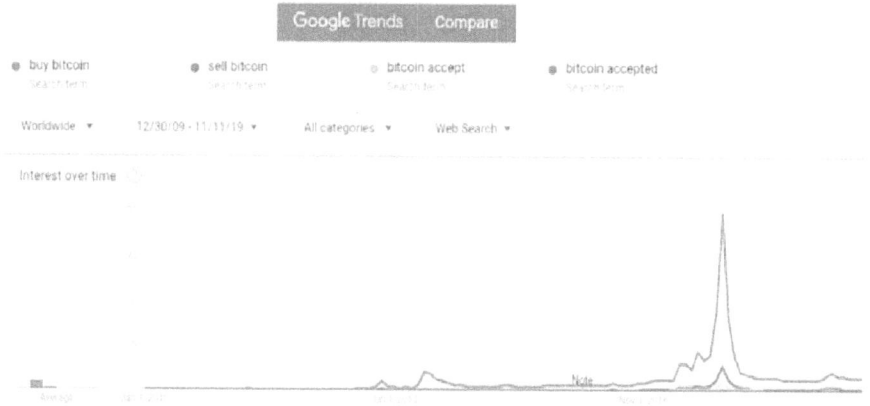

Προκειμένου να δούμε καλύτερα το λειτουργικό ενδιαφέρον, στο επόμενο γράφημα βγάλαμε τον όρο *buy bitcoin*, και αφήσαμε το γράφημα με τους όρους: sell bitcoin, bitcoin accept, bitcoin accepted. Το χάσμα μεταξύ του κερδοσκοπικού ενδιαφέροντος (sell bitcoin) παραμένει πολύ μεγάλο, συγκρινόμενο με το λειτουργικό ενδιαφέρον (bitcoin accept, bitcoin accepted).

Τώρα ας συγκρίνουμε το "επαναστατικό" bitcoin με άλλα ενδιαφέροντα πράγματα, τοποθετώντας τα στο ίδιο γράφημα. Παρακάτω μπορούμε να δούμε, ότι το ενδιαφέρον στην τελευταία δεκαετία, όταν το bitcoin δημιουργήθηκε, είναι πολύ μεγαλύτερο στους όρους αναζήτησης **google**, και **iPhone** και στον **Airbnb**, από τον όρο αναζήτησης **bitcoin** (και ας περιέχει την όλη κερδοσκοπία εντός του), διότι τα προαναφερθέντα πράγματα-προϊόντα, ήταν πραγματικά επαναστατικά.

Οι bitcoiners λένε ότι το bitcoin είναι νόμισμα/χρήμα το οποίο θα γίνει το κυρίαρχο χρήμα διεθνώς, ξεπερνώντας το αμερικάνικο δολάριο, το σημερινό δηλαδή κυρίαρχο νόμισμα/χρήμα. Ας δούμε τι μας δείχνει σχετικά με αυτό το Google Trends.

Ο όρος αναζήτησης **USD** (το δολάριο ΗΠΑ) έχει έναν ανοδικό σχηματισμό, και το ενδιαφέρον του κόσμου είναι πολύ μεγαλύτερο από το ενδιαφέρον προς το bitcoin (με την παροδική εξαίρεση της φούσκας του bitcoin του έτους 2017, όταν το ενδιαφέρον του κόσμου και εξαιτίας της φούσκας, εκτοξεύθηκε στα ύψη) – για του λόγου το αληθές, εάν σας είναι δύσκολο να δείτε τις συνεχείς και μετά διακυμάνσεων γραμμές ενδιαφέροντος, δείτε τις μπάρες στα αριστερά, όπου κυριαρχεί η μπάρα του δολαρίου, η δεξιότερη μεταξύ των τριών (δηλαδή το ενδιαφέρον είναι πολύ μεγαλύτερο στο USD από ότι στα άλλα), αυτή του bitcoin είναι η αριστερότερη.

Το ενδιαφέρον για το bitcoin δεν αυξάνεται, και όπως φαίνεται, εάν οι τάσεις παραμείνουν ως έχουν, σύντομα το ενδιαφέρον στο bitcoin, θα γίνει χαμηλότερο και από του **EUR** (ευρώ, το νόμισμα της Ευρωζώνης). Φυσικά, αυτή δεν είναι η 'συμπεριφορά' που θα ανέμενα για ένα "νόμισμα" που ισχυρίζεται ότι έχει μια πορεία προς την παγκόσμια κυριαρχία. **Ούτε καν κοντά**.

Τέλος, σας παρουσιάζω το συγκριτικό γράφημα του **bitcoin** και **airbnb**, καθώς το τελευταίο είναι ό,τι πιο κοντινό προς τα επίπεδα ενδιαφέροντος του bitcoin.

Και τα δυο τους, το bitcoin και το airbnb, **δημιουργήθηκαν σχεδόν στον ίδιο χρόνο**, άρα έχουμε και για τα δύο την πρώτη δεκαετία τους.

Γι' αυτό και η σύγκρισή τους είναι σημαντική: μπορούμε να δούμε ότι βασικά, το ενδιαφέρον είναι μεγαλύτερο στο airbnb (η μπάρα του airbnb στα αριστερά, είναι η μεγαλύτερη μεταξύ των δύο) και αυξάνεται σταθερά, όπως θα έπρεπε κανείς να αναμένει από ένα επαναστατικό προϊόν, ενώ το ενδιαφέρον στο bitcoin και εάν αποκλείσουμε την επίδραση των φουσκών του 2013 και 2017, δεν είναι pattern που συνάδει σε ένα επαναστατικό προϊόν.

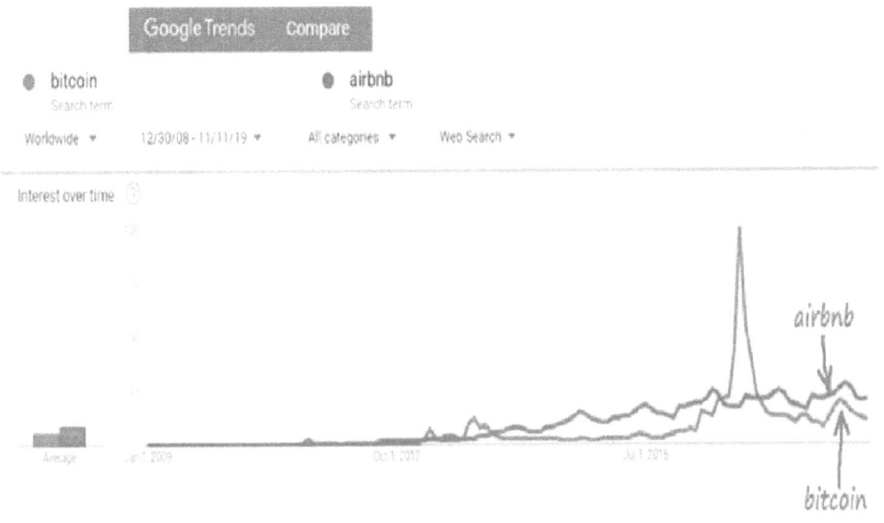

Το Google Trends είναι ένα κοινό εργαλείο μέτρησης και δεν είναι η υποκειμενική γνώμη κάποιου, που μπορεί αυτός και για διάφορους λόγους να ισχυρίζεται 'θεωρητικά' το οτιδήποτε – το Google Trends είναι ένα αντικειμενικό εργαλείο – **και δεν ψεύδεται!**

Αποτυπώνεται στο Google Trends ότι το Bitcoin δεν είναι επαναστατικό, ούτε ο κόσμος το 'αγκαλιάζει' με τον καιρό. Όποτε το ενδιαφέρον του κόσμου φαίνονταν αυξημένο στο bitcoin, συνέβαινε λόγω της ανάπτυξης βραχυπρόθεσμης κερδοσκοπίας, η οποία σύντομα ξεφούσκωνε, και ακολουθούσε καθοδική πορεία στη συνέχεια. Είναι αποδεδειγμένο: συνέβη το 2013 και το 2017.

Chapter 12
An Important Survey

New

Even if I'm forming my view and opinion on bitcoin and other cryptocurrencies, I always read interesting relative developments and news, as I stay open-minded; after all, things don't stay static / unchanged, and as the 'environment' is a dynamic one, it's good to keep an eye on the news and developments.

Among the "things" I find, mostly on internet, about bitcoin, I found a very interesting research: It is the **Kaspersky's Cryptocurrency Report 2019**, i.e., a study into the state of consumer attitudes towards cryptocurrencies. You can find it in the link below, and I strongly suggest you, read the whole study, as it is a big one, it is recent, conducted in many countries and reports the consumers attitude:

https://www.kaspersky.com/blog/cryptocurrency-report-2019/

The survey was conducted in October and November 2018. A total of 13,434 consumers were surveyed in 22 countries.

The **Key findings** of the Study, were:

• Four-in-five (81%) have never purchased cryptocurrency.

My comment: This is indicative that people all over the world, does not find cryptocurrencies to be 'friendly', functional and revolutionary, because if it were otherwise, people would have already adopt and use a 'friendly' and functional, revolutionary new product.

- In fact, only one-in-ten (10%) said they fully understand how cryptocurrencies work.

My comment: This is indicative that cryptocurrencies are products, difficult to understand them; and whatever product, confuses you (the consumers), it fails as a product and never can be mainstream. This is a rule with no exceptions. It can exist only in sidelines, as it is addressed to a few (to those who understand it). In this point, have also in mind that the new generation, today's youth, is very receptive on tech things (comparable to older ages), because the young people were born into this technological revolution – have you seen small kids that are handling and functioning smartphones with characteristic ease? ... Well, despite the new generation's familiarity with tech, I don't even see them (people till 25 years old) embracing bitcoin, and other cryptocurrencies too. It seems a failure to me, when even the young people don't use them (cryptos).

- A third (35%) believe cryptocurrencies are a fad.

No comment on this, it's clear what people think.

- Almost every sixth (14%), though, of those that are not using cryptocurrency currently would like to in the future.

My comment: This is not something 'strong' in favor of cryptocurrencies, because it is just an unclear desire, and not a sure thing. More on this, it may happen (i.e. to use cryptocurrencies) **if** they become mainstream – but cryptos will never succeed on this. Also, see the next point.

- Nearly a fifth (19%) that use cryptocurrencies have experienced hacking attacks on exchanges and (15%) have been victims of cryptocurrency fraud.

My comment: This is very important, because derives from people that already have used cryptocurrencies, so their opinion is based, not on theory but in facts: and in a quite large percentage, they are unhappy with their 'experience'. Going back to above point, from those 14% that would like to use cryptos in the future, and if they procced on this and use them, they may realize that was a bad move.

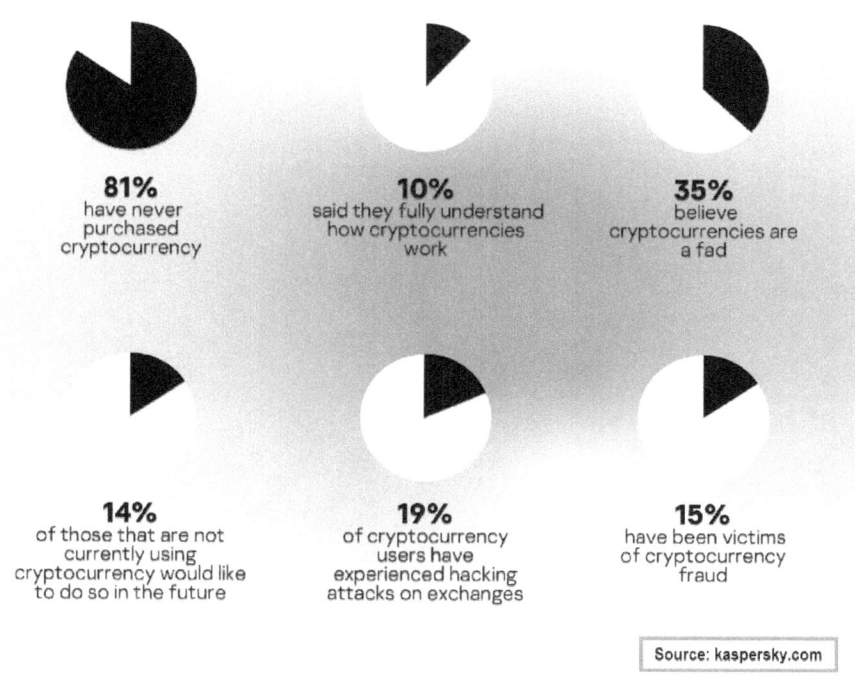

It is also very interesting, to see what answered those who already have tried cryptocurrencies in the past and they were unsatisfied with their experience, and stop using them: Nearly a quarter (23%) of the consumers in the Survey, said that they have lost money due to a decrease in the value of the cryptocurrency they chose to invest in. Almost a fifth (19%) stop using them, because of the hacking attacks on crypto-Exchanges and wallets – so from those who tried cryptocurrencies, they were unhappy and unsecure; not in theory, but in reality and action. Further, 15% lost money due a fraud with cryptocurrencies – the percentage is too big, and is indicative of what is happening: There is a plethora of scammers, who prey cryptos' world. From the answers, is also so obvious that many got into cryptocurrencies, for speculation reasons, to succeed short term gains, and when they didn't succeed their purpose or more, they lost, they were discouraged and declared that they no longer care about cryptos - they don't care about any usability of cryptocurrencies.

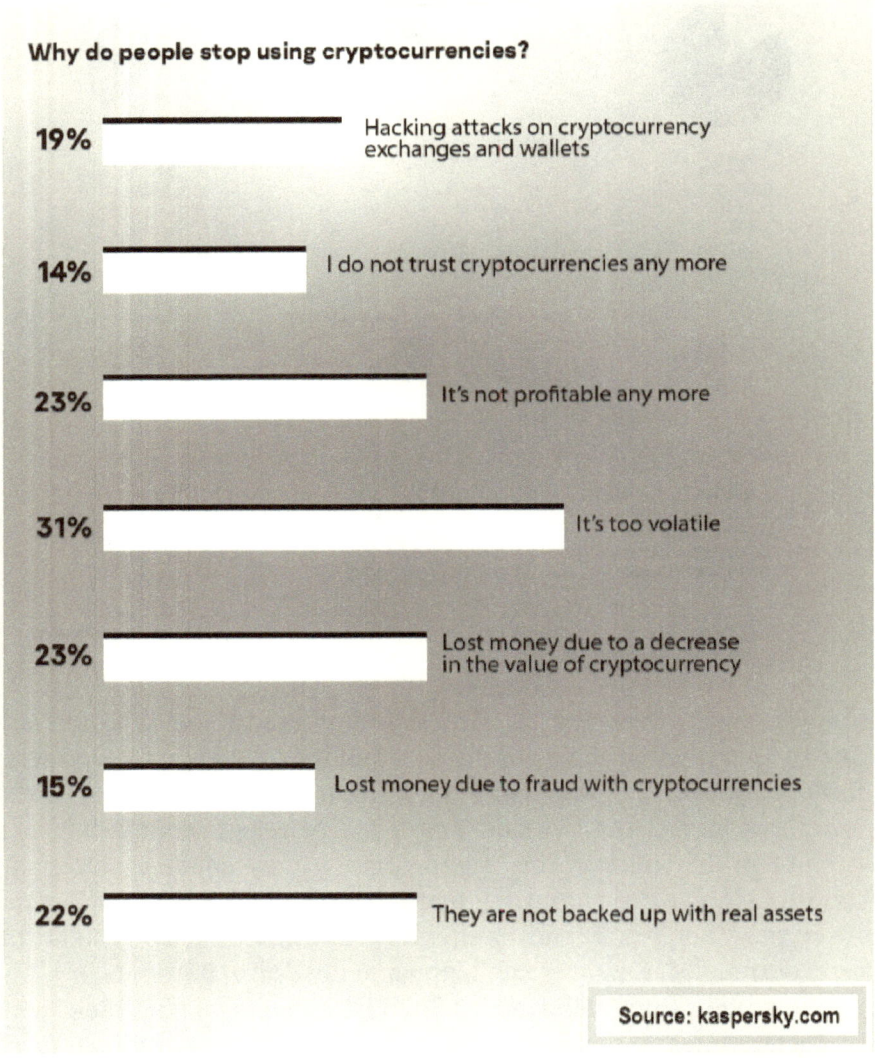

I think the findings from the Survey, indicate an environment of non wide acceptance for bitcoin and cryptos, from people worldwide, and this is non-positive for the whole field.

Κεφάλαιο 12
Μια σημαντική Έρευνα

Νέο

Αν και διαμορφώνω την άποψη και γνώμη μου περί του bitcoin και των άλλων κρυπτο-νομισμάτων, πάντα διαβάζω ενδιαφέρουσες σχετικές εξελίξεις και νέα, καθώς διατηρώ ένα ανοικτό μυαλό – άλλωστε, τα πράγματα δεν μένουν στατικά και αμετάβλητα, και καθώς το 'περιβάλλον' είναι δυναμικό, είναι καλό να παρακολουθούμε τα νέα και εξελίξεις.

Μεταξύ των "πραγμάτων" που βρίσκω, κυρίως στο internet, σχετικά με το bitcoin, βρήκα μια πολύ ενδιαφέρουσα έρευνα: Είναι η Kaspersky's Cryptocurrency Report 2019, ήτοι, μια έρευνα πάνω στην στάση και διαθέσεις των καταναλωτών ως προς τα κρυπτο-νομίσματα. Μπορείτε να την βρείτε στο παρακάτω link, και σας συνιστώ εντόνως, να διαβάσετε ολόκληρη την έρευνα, καθώς είναι μεγάλη, είναι πρόσφατη (δεν είναι παλαιά για να έχουν αλλάξει τα δεδομένα), διεξήχθη σε πολλές χώρες και αναφέρει τις στάσεις και διαθέσεις των καταναλωτών:

https://www.kaspersky.com/blog/cryptocurrency-report-2019/

Η Έρευνα πραγματοποιήθηκε τον Οκτώβριο και Νοέμβριο του 2018. Συμμετείχαν σε αυτήν, ένα σύνολο 13.434 καταναλωτών, από 22 χώρες.

Τα **Σημαντικότερα Ευρήματα** της Έρευνας, ήταν:

• Τέσσερις στους πέντε (ποσοστό 81%) δεν έχουν αποκτήσει ποτέ οποιοδήποτε κρυπτο-νόμισμα.

Το σχόλιό μου: Αυτό είναι ενδεικτικό ότι οι άνθρωποι σε όλο τον κόσμο, δεν βρίσκουν τα κρυπτο-νομίσματα να είναι 'φιλικά', λειτουργικά και επαναστατικά, διότι εάν ήταν διαφορετικά, οι άνθρωποι θα είχαν ήδη υιοθετήσει ένα 'φιλικό' και λειτουργικό, επαναστατικό νέο προϊόν.

• Μάλιστα, μόνο ένας στους δέκα (10%) είπε ότι κατανοεί πλήρως πως λειτουργούν τα κρυπτο-νομίσματα.

Το σχόλιό μου: Αυτό είναι ενδεικτικό ότι τα κρυπτο-νομίσματα είναι προϊόντα, δδύσκολα στο να τα κατανοήσεις – και όποιο προϊόν δημιουργεί σύγχυση (στους καταναλωτές), αποτυγχάνει ως προϊόνκαι ποτέ δεν μπορεί να γίνει mainstream. Αυτός είναι ένας κανόνας άνευ εξαιρέσεων. Μπορεί να υπάρξει μόνο στο περιθώριο, αφού απευθύνεται σε λίγους (σε αυτούς που το κατανοούν). Σε αυτό το σημείο, έχετε επίσης υπόψιν σας ότι η νέα γενιά, η σημερινή νεολαία, είναι εξαιρετικά δεκτική σε θέματα και προϊόντα που έχουν να κάνουν με την τεχνολογία (συγκριτικά με μεγαλύτερες ηλικίες), διότι οι νέοι άνθρωποι έχουν γεννηθεί εντός αυτής της τεχνολογικής επανάστασης – έχετε δει μικρά παιδιά που χειρίζονται και λειτουργούν smartphones με χαρακτηριστική ευκολία; ... Λοιπόν, παρά την εξοικείωση της νέας γενιάς με την τεχνολογία, δεν βλέπω ούτε καν αυτούς (ανθρώπους έως 25 χρονών) να αγκαλιάζουν το bitcoin, όπως και τα άλλα κρυπτο-νομίσματα. Μου φαίνεται αποτυχία, όταν ούτε οι νέοι άνθρωποι δεν τα χρησιμοποιούν (τα κρυπτο-νομίσματα).

• Περίπου ένα τρίτο (35%) θεωρεί ότι τα κρυπτο-νομίσματα είναι μια προσωρινή μόδα που σύντομα θα εκλείψει.

Κανένα σχόλιο πάνω σε αυτό, είναι ξεκάθαρο.

• Το 14% αυτών που έως την στιγμή που διεξήχθη η έρευνα, δεν είχε χρησιμοποιήσει ποτέ κανέναν κρυπτο-νόμισμα, δηλώνει ότι θα του άρεσε να χρησιμοποιήσει στο μέλλον.

Το σχόλιό μου: Αυτό δεν είναι κάτι 'δυνατό' υπέρ των κρυπτο-νομισμάτων, διότι είναι απλά μια ασαφή επιθυμία, και σίγουρα όχι μια βεβαιότητα. Επιπλέον, ίσως συμβεί (ήτοι, να χρησιμοποιήσουν στο μέλλον κρυπτο-νομίσματα) **εάν** γίνουν mainstream – αλλά τα κρυπτο-νομίσματα δεν θα το καταφέρουν ποτέ αυτό. Επίσης, δείτε και το αμέσως επόμενο σημείο.

• Σχεδόν ένα πέμπτο (19%) αυτών που χρησιμοποίησαν κρυπτο-νομίσματα, έχει υποστεί επίθεση από χάκερ στα Ανταλλακτήρια (exchanges) και (15%) γίναν θύματα απάτης σχετικής με τα κρυπτο-νομίσματα.

Το σχόλιό μου: Αυτό είναι πολύ σημαντικό, διότι πηγάζει από ανθρώπους που ήδη χρησιμοποίησαν κρυπτο-νομίσματα, συνεπώς η άποψή τους βασίζεται όχι στην θεωρία αλλά σε γεγονότα: και σε ένα ποσοστό που είναι αρκετά μεγάλο, δεν είναι καθόλου ευχαριστημένοι από την σχετική 'εμπειρία' τους. Επιστρέφοντας στο αμέσως προηγούμενο σημείο, από αυτό το 14% που ανέφερε ότι θα ήθελε να χρησιμοποιήσει κρυπτο-νομίσματα στο μέλλον, και εάν προχωρήσουν σε αυτό και αποκτήσουν εντέλει cryptos, σύμφωνα με το συμπέρασμα του παρόντος σημείου, μπορεί να το μετανιώσουν και να διαπιστώσουν στην πορεία ότι ήταν μια κακή κίνηση.

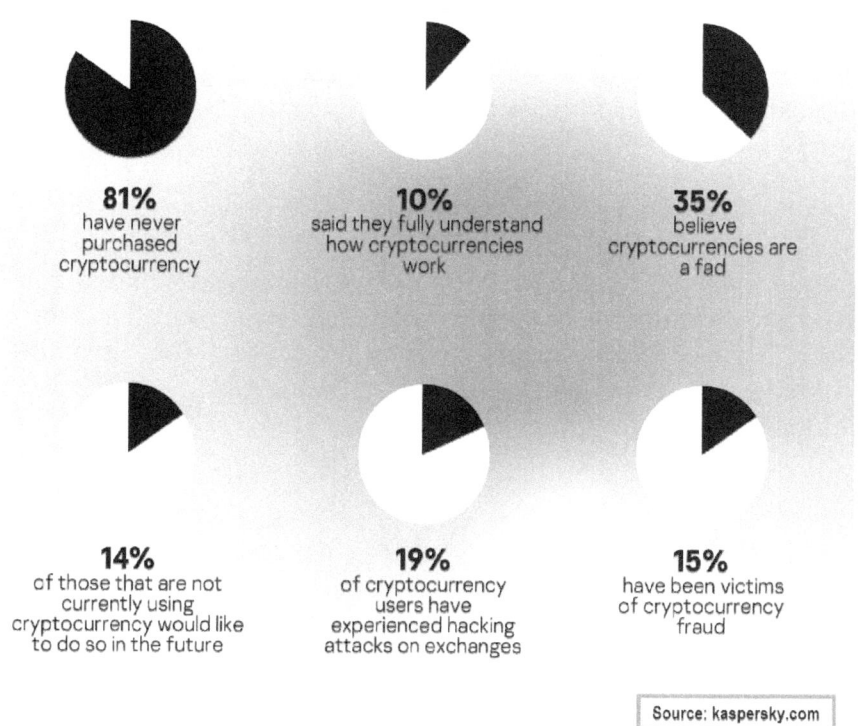

Είναι επίσης πολύ ενδιαφέρον, να δούμε τι είπαν που δοκίμασαν τα κρυπτο-νομίσματα στο παρελθόν και δυσαρεστήθηκαν από την εμεπειρία που είχαν, και σταμάτησαν να τα χρησιμοποιούν: Σχεδόν ένα τέταρτο (23%) αυτών, ανέφεραν ότι έχασαν χρήματα λόγω της μείωσης της αξίας του κρυπτο-νομίσματος που είχαν επιλέξει να επενδύσουν.

Σχεδόν ένα πέμπτο (19%) των καταναλωτών, σταμάτησαν να τα χρησιμοποιούν λόγω των επιθέσεων χάκερς στα Ανταλλακτήρια (crypto-Exchanges) και στα Πορτοφόλια (wallets) – συνεπώς από αυτούς που δοκίμασαν τα κρυπτο-νομίσματα, έμειναν δυσαρεστημένοι και ανασφαλείς και όχι στην θεωρία, τονίζω, στην πραγματικότητα.

Επιπλέον, 15% έχασε χρήματα από κάποια απάτη που είχε να κάνει με κρυπτο-νοσμίσματα – το ποσοστό είναι πολύ υψηλό, και ενδεικτικό του τι συμβαίνει: Υπάρχει μια πληθώρα απατεώνων, που λυμαίνονται τον χώρο των κρυπτο-νομισμάτων.

Από τις απαντήσεις, είναι επίσης φανερό ότι πολλοί εισήλθαν στα cryptos, για κερδοσκοπικούς λόγους, για να πετύχουν βραχυπρόθεσμα κέρδη, και όταν δεν κατάφεραν τον σκοπό τους ή ακόμα περισσότερο εάν έχασαν, αποθαρρύνθηκαν και δήλωσαν ότι πλέον δεν ασχολούνται με τα cryptos – δεν τους ενδιαφέρει οποιαδήποτε πιθανή ουσιαστική χρησιμότητα των κρυπτο-νομισμάτων.

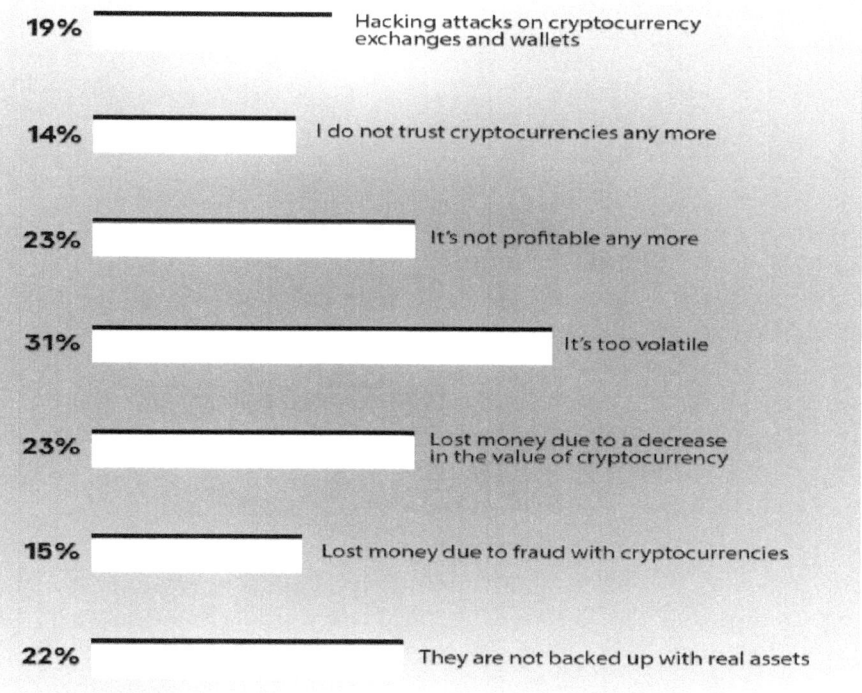

Νομίζω ότι τα ευρήματα της Έρευνας, καταδεικνύουν ένα περιβάλλον μη ευρείας αποδοχής για το bitcoin και τα άλλα κρυπτονομίσματα, από ανθρώπους σε όλο τον κόσμο, και αυτό βέβαια, δεν είναι θετικό για τον όλο τομέα.

Chapter 13
Conclusion - Epilogue

> Avoid bitcoin like the plague. Did I make myself clear?
> **Jack Bogle**, legendary investor †2019

After I set the questions that every sceptic human, must have, especially if it is to invest his hard-earned money on something, having in mind all the aforementioned in previous chapters, indications, data, facts and logical assumptions, based on common sense, I gave the answers. And this procedure was useful also for me and that was the main reason, I contacted this study, over time: I heard about something revolutionary, something that was claimed by its supporters – and still claimed – that will change our monetary and financial 'universe'; it was bitcoin and offered a once in a lifetime opportunity, to become rich if I (or we) could enter early.

So, it was in my interest, to learn about this new thing, and I was very open minded about it. But the more I studied and learned, the more I became sceptic about it and the more I was not convinced.

At some point, I was discussing about bitcoin, with an Information Technology colleague, that I appreciate him a lot, because he is a 'genius' on IT, on software and hardware matters. Our discussion started by asking him if he knows bitcoin and what is his opinion. He answered me that he definitely knows it and he has already put some money on it. Although he had bought bitcoin, he told me that he wasn't sure for bitcoin's functional use, and confessed that he bought it only for speculation, for potential big gains, putting on it some real money of his, that he wasn't bothered even to lose it all – so, he made a placement on bitcoin, like in a casino game (pure gambling). He also told me that bitcoin and the wider blockchain technology too, offers something new and interesting but as it is still, is foggy and obscure, like someone trying to give answers, to unasked questions.

By examining bitcoin from many and different aspects, having in mind everything I learned, I reached to some conclusions and views / opinions:

• Bitcoin is not a revolutionary product.

• Bitcoin cannot prevail as currency/money globally.

• Bitcoin will never be mainstream and can exist only in the sidelines, mainly for criminal, illegal and scams uses.

• Also, no other crypto-currency can be mainstream and globally dominant, because the States will not let it happen, when/if they will see a possible threat to their interests.

• Bitcoin is the King of bubbles.

• Although the dynamics of bubbles can be chaotic and unpredictable because when there is a bubble, the participants act in a hurry, careless and frivolously, however with my experience on stock markets and market bubbles and after having seen the bitcoin's market behavior till now (end of 2019), I think that bitcoin will not succeed new historical highs, will not rise above $20,000.
Nevertheless, it may manage to succeed another major rise, in levels near its historical highs. As it is 'revealed', I think that the bitcoin's technical formation will remain bearish (major peaks at increasingly lower levels). Based in its past behavior, I think that bitcoin can fluctuate a lot, and give the opportunity for short-term speculation and short-term profits (and losses).

• Bitcoin with its technology, till now, it is highly secure but not absolute. Things will change dramatically in the next decade (2020 and beyond) with the advance of quantum computers: I don't believe that bitcoin and any other cryptocurrency will be safe and secure.

• If my assumption that bitcoin in the future will not be secure (and any other cryptocurrency too) prove to be right, then it cannot serve a role as 'digital gold' (store of value).

• If in a magical way, bitcoin or any other real cryptocurrency, could prevail globally (as money), this would be a catastrophic development for the global economy; their non-controlled by States 'functionality', their anonymity and deflationary features, would lead to a global deflationary recession, that the world will never have seen again. This development, of course, would be against the interests of the people. I am talking for an absolute disaster, you cannot imagine. But fortunately, this (bitcoin global dominance or any other real cryptocurrency) cannot happen.

• Bitcoin in the next decade (till 2030) will probably vanish.

Then, why all this 'noise', all this mass involvement of famous, celebrities, intellectuals, known people that talk in favor of bitcoin or against it?

First, we will find much **more** known / famous **people to criticize bitcoin than supporting it**. Have a look in the link below, showing known and 'important' people that spoken pro or against bitcoin:

What Bitcoin Critics and Supporters Around the World Have to say (bloomberg.com)
https://www.bloomberg.com/features/bitcoin-bulls-bears/

However, as you can see in the link that is updated occasionally, some known people are supporting bitcoin. Why is that?

1. Yes, from the link on Bloomberg's page, you can see some supporting it, having them in green color, but some of them does not support it for its use and functionality, like Mike Novogratz. Novogratz, said (09/26/17) that "This is going to be the largest bubble of our lifetimes ... Prices are going to get way ahead of where they should be. You can make a whole lot of money on the way up, and we plan on it". For me, those who support it for speculation reasons, are not real supporters of it.

2. Others that support bitcoin on Bloomberg's page, they don't support it actively, they just don't deny it, they just give it a time

credit, they give it some chance, place and time, like e.g. Lloyd Blankfein who said (11/02/17) "I don't have an investment in it, but I'm not willing to pooh-pooh it, and that's why I say I'm open to it."

3. And others that Bloomberg's page have them green, they don't support bitcoin specifically but the wider blockchain technology, like Howard Schultz who said (01/25/2018) "I believe that we are heading into a new age in which blockchain technology is going to provide a significant level of a digital currency that is going to have a consumer application. And I believe that Starbucks is in a unique position to take advantage of that." – see that he did not mention anything about bitcoin, and he was referring to the future, while bitcoin is a present product.

So, the known people that spoke against bitcoin are much more than those who supporting it actively. This is essential because it happens for a reason. I strongly suggest you read the above page of Bloomberg, and to stay and think in every pro or against bitcoin quote, if it is substantial, if it is just a passive comment or just political correct. It is a sure thing that the reality and correctness is not always a matter of the majority and I agree that no man is unmistakable, but at least for me, some opinions are more important than others, when examining certain cases: for example the opinions of Warren Buffet and his colleague Charlie Munger, that are the best and wealthiest investors (remember we are talking about investing on bitcoin or other cryptocurrencies) or the opinions of central bankers (remember we are talking about a new form of "money" that aspires to become a world currency) and because of their expertise, their achievements or / and their key positioning (central bankers), have much more significance than any other.

In this point and because many bitcoiners present bitcoin and blockchain, to be like internet in its very early stages, I will say that in the case of internet, basically back in the early Nineties, when the internet "thing" was something new and beyond any imagination (for example, who in 1987 had imagined that something like internet could existed? No one), there were very few that criticized its creation, its utility and its future potential. Now that we have the knowledge of the internet and that blockchain technology is based on internet, can't we understand the potential of this new whole thing? No, we can understand it, and because we have the experience of internet, we can more easily judge blockchain, bitcoin and cryptos. In my opinion, at this time, the majority has right, that does not 'understand' and does not adopt cryptos.

But again, the known people that spoke in favor of bitcoin, are enough, to pay them attention. Why they care about bitcoin? Usually they are entrepreneurs, market 'sharks' or politicians – every one of them, have a special interest: the entrepreneur to examine a source that can support him to leverage better his activities and consequently, to increase his business profits, like Facebook's Mark Zuckerberg, one of the heads on Libra venture (although it seems that it will not proceed and it will fail). Zuckerberg thought that with a digital stablecoin (Libra) could leverage much better his wide users base, and make more money. Market 'sharks' do not support bitcoin because of its functionality and usability but because they have recognize the bubble and the opportunity for short-term profits through market speculation. Politicians want just to show that they are 'in', in something trendy, in something that may improve our future life - a kind of political correctness and modernism.

Second, mainly politicians, academics and intellectuals, are dealing with bitcoin, having a positive position, because is something new and revolutionary thing, that can change our financial system (in their minds); in their eyes is a new kind that like socialism, can change the bad situations of capitalism; but exactly like socialism in its pure form, the actual socialism, existed in a few number of Countries, some of them big like USSR or China, but ended relatively soon (Soviet Union) or transformed in other cases like in China, that today's system has changed to a mix of socialism with capitalist reforms and 'openings'.

Therefore, bitcoin seems similar to socialism: is something that looks attractive, something that looks challenging the status quo, a new thing that superficially looks able to change bad things to better, that looks promising and able to offer to the advancement of humanity, but eventually **it is utopic**: it cannot prevail and if it was prevail, soon it would fail.

Strangely, Bitcoin also reminds me the comic character, Iznogoud, who wanted to be Caliph instead of the Caliph, who had some genius but was also sneaky – but eventually failed in all his attempts to be Caliph. Bitcoin the same way as Iznogoud, wants - as its supporters claim - to take the USD place as the global dominant currency/money, but... fails badly.

Bitcoin or any other real cryptocurrency, will never prevail globally. Many people around the world may complain about the bad things of capitalism and the existing political/financial/economic system; and they have right: there are many injustices, there is much inequality and the system is far away from being perfect. But the 'promising' bitcoin is 'anarchist' thing: no one controls it – and guess something: people may complain for the existing system, but they are massively conservative: they like control and legislation, law and order, because it brings some security and safety to their lives. And people globally that want to change the system radically, are a tiny minority, that's why bitcoin – an 'anarchist' money (or any other real cryptocurrency = controlled by no one), cannot and will not be widely adopted ever; even if the majority of big and powerful States, keep a neutral position on bitcoin and passively, let it exist and 'circulate' (assume that governments don't set any bans, prohibitions and limitations), *the people* - beyond the underworld and shadow economy that like it - *in the real economy, will never use it widely* because **in people's subconscious, bitcoin already is a dangerous and unsafe thing**.

Of course I understand people's pursuit of economic prosperity. But there are the wrong ways (like investing in cryptos) and the right ways to succeed it. How? ... in the last Chapter (14th).

- END -

P/S: If you read the book, please do a review on amazon.

Κεφάλαιο 13
Συμπέρασμα - Επίλογος

> Αποφύγετε το bitcoin όπως την πανούκλα. Ήμουν σαφής;
> **Jack Bogle**, θρυλικός επενδυτής †2019

Αφού έθεσα τις ερωτήσεις που κάθε μη αφελής και σκεπτόμενος άνθρωπος, πρέπει να έχει, ιδίως εάν είναι να επενδύσει κάπου τα χρήματά του που αποκόμισε μετά από σκληρή εργασία, έχοντας υπόψη όλα τα προαναφερθέντα στα προηγούμενα κεφάλαια, ενδείξεις, δεδομένα, γεγονότα και λογικές υποθέσεις, βασισμένες στην κοινή λογική, έδωσα τις απαντήσεις. Και αυτή ήταν μια διαδικασία που είναι και ήταν χρήσιμη και για μένα τον ίδιο. Διότι βασικά, αυτός ήταν ο κύριος λόγος σε βάθος χρόνου, μελέτησα τόσο τα διάφορα θέματα που μας απασχόλησαν σε αυτό το βιβλίο: Άκουσα για κάτι επαναστατικό, κάτι που ισχυρίζονταν από τους υποστηρικτές του – και ακόμα το ισχυρίζονται – ότι θα αλλάξει το νομισματικό μας και χρηματοοικονομικό μας 'σύμπαν'. Ήταν το bitcoin και προσέφερε μια ευκαιρία μοναδική στην ζωή μας, να γίνω / ή και να γίνετε, πλούσιος, εάν καταφέρναμε να μπούμε σε αυτό, νωρίς.

Ήταν λοιπόν στο ενδιαφέρον μου, να μάθω για αυτό το νέο πράγμα, και διατηρούσα πολύ ανοικτό μυαλό σχετικά με αυτό. Αλλά όσο μελετούσα και μάθαινα, τόσο περισσότερο μου δημιουργούνταν αμφιβολίες και τόσο περισσότερο δεν πειθόμουν.

Κάποια στιγμή, συζητούσα για το bitcoin, με έναν συνάδελφο που είναι στον τομέα της Μηχανογράφησης, και τον οποίο τον εκτιμώ πολύ, καθώς είναι πολύ ικανός στο IT, σε θέματα και software και hardware. Η συζήτησή μας ξεκίνησε ρωτώντας τον, εάν γνωρίζει το bitcoin και ποια είναι η άποψή του σχετικά. Μου απάντησε ότι σαφώς το γνωρίζει, και ήδη, είχε βάλει μερικά χρήματα σε αυτό. Παρόλο που είχε αγοράσει bitcoin, μου είπε ότι δεν ήταν σίγουρος για την λειτουργικότητά του και ομολόγησε ότι το αγόρασε μόνο για λόγους κερδοσκοπίας, για πιθανά μεγάλα κέρδη, έβαλε σε αυτό μερικά πραγματικά δικά του χρήματα, που θα άντεχε και να τα χάσει ολοκληρωτικά – δηλαδή έκανε μια τοποθέτηση στο bitcoin, όπως σε κάποιο παιγνίδι, σε καζίνο (καθαρός τζόγος). Επίσης μου είπε ότι το bitcoin και η ευρύτερη τεχνολογία blockchain επίσης, προσφέρει κάτι νέο και ενδιαφέρον, αλλά είναι θολό και ασαφές, όπως κάποιος που προσπαθεί να δώσει απαντήσεις, σε ερωτήσεις που δεν έχουν ερωτηθεί.

Εξετάζοντας το bitcoin από πολλές και διαφορετικές οπτικές, έχοντας υπόψη όλα όσα έμαθα, έφτασα στις ακόλουθες διαπιστώσεις και απόψεις:

• Το Bitcoin δεν είναι ένα επαναστατικό προϊόν.

• Το Bitcoin δεν μπορεί να επικρατήσει ως νόμισμα/χρήμα διεθνώς.

•Το Bitcoin δεν θα γίνει ποτέ ευρέως αποδεκτό λειτουργικά, ποτέ δεν θα γίνει mainstream, και μπορεί να υπάρχει μονάχα στο περιθώριο, κυρίως για εγκληματικές και παράνομες δραστηριότητες, και για χρήση από απατεώνες.

• Επίσης, κανένα άλλο κρυπτο-νόμισμα δεν μπορεί να γίνει mainstream και να επικρατήσει διεθνώς, διότι οι Πολιτείες, δεν θα αφήσουν να συμβεί κάτι τέτοιο, όταν/εάν διαπιστώσουν μια πιθανή απειλή ως προς τα συμφέροντά τους.

• Το Bitcoin είναι ο Βασιλιάς των Φουσκών.

• Αν και οι δυναμικές των φουσκών μπορεί να είναι χαοτικές και να παρουσιάζουν απρόβλεπτη συμπεριφορά, διότι σε μια φούσκα, οι συμμετέχοντες δρουν με βιασύνη, απρόσεκτα και επιπόλαια, ωστόσο βάσει της εμπειρίας μου στις χρηματιστηριακές αγορές και στις χρηματιστηριακές φούσκες και έχοντας δει την συμπεριφορά του bitcoin χρηματιστηριακά και έως τώρα (τέλη του 2019), νομίζω ότι το bitcoin δεν θα πετύχει νέα ιστορικά υψηλά, δεν θα αυξηθεί πάνω από τα $20.000.
Εντούτοις, μπορεί να καταφέρει άλλη μία σημαντική άνοδο, και να ανέλθει σε επίπεδα κοντά στα ιστορικά υψηλά του. Όπως 'αποκαλύπτεται', νομίζω ότι ο τεχνικός σχηματισμός του bitcoin θα

παραμείνει καθοδικός -bearish (με διαμόρφωση των μελλοντικών σημαντικών κορυφών του, σε ολοένα χαμηλότερα επίπεδα).
Βασιζόμενος στην συμπεριφορά του στο παρελθόν, νομίζω ότι το bitcoin μπορεί να παρουσιάζει υψηλή μεταβλητότητα, και να δώσει την ευκαιρία για κερδοσκοπία και βραχυπρόθεσμα κέρδη (και ζημιές).

• Το Bitcoin με την τεχνολογία του και μέχρι τώρα, είναι σχετικά ασφαλές αλλά όχι απόλυτα. Τα πράγματα θα αλλάξουν δραματικά όμως στην ερχόμενη δεκαετία (2020 και μετά) με την ανάπτυξη των κβαντικών υπολογιστών: Δεν πιστεύω ότι το bitcoin και όποιο άλλο κρυπτο-νόμισμα θα είναι ασφαλές.

• Εάν η υπόθεσή μου για το bitcoin ότι στο μέλλον δεν θα είναι ασφαλές (παρομοίως και για τα άλλα κρυπτο-νομίσματα) αποδειχθεί να είναι αληθής, τότε δεν μπορεί να εξυπηρετήσει ούτε και τον ρόλο του 'ψηφιακού χρυσού' (για αποθήκευση και διατήρηση αξίας).

• Εάν με κάποιο μαγικό τρόπο, το bitcoin ή οποιοδήποτε άλλο κρυπτο-νόμισμα, μπορούσε να επικρατήσει διεθνώς (σαν χρήμα), αυτό θα ήταν μια καταστροφική εξέλιξη για την παγκόσμια οικονομία. Οι μη ελεγχόμενη από τις Πολιτείες 'λειτουργικότητά' του, η ανωνυμία του και τα αποπληθωριστικά χαρακτηριστικά του, θα οδηγούσαν σε μια παγκόσμια αποπληθωριστική ύφεση, που ο κόσμος δεν θα είχε δει ξανά. Αυτή η εξέλιξη, φυσικά, θα ήταν ενάντια στα συμφέροντα των λαών. Μιλάω για μια απόλυτη καταστροφή, που δεν μπορείτε να φανταστείτε – διότι οι κυβερνήσεις θα ήταν "εκτός παιγνιδιού", έχοντας χάσει το νομισματικό τους υπερόπλο, χωρίς δυνατότητας αντίδρασης και καταπολέμησης της κρίσης, πληθωρίζοντάς την. Αλλά ευτυχώς, αυτό (η διεθνής επικράτηση του bitcoin ή οποιουδήποτε άλλου κρυπτο-νομίσματος) ανήκει στην σφαίρα της φαντασίας.

• Το Bitcoin στην ερχόμενη δεκαετία (έως το 2030) είναι πολύ πιθανό να εξαφανιστεί.

Τότε, γιατί όλος αυτός ο 'θόρυβος', όλη αυτή η μαζική ενασχόληση από διάσημους, celebrities, ακαδημαϊκούς και διανοούμενους, γνωστούς ανθρώπους που μιλούν υπέρ του bitcoin ή και εναντίον του;

Πρώτον, θα βρούμε πολύ **περισσότερους** γνωστούς / διάσημους **ανθρώπους που ασκούν κριτική στο bitcoin και είναι εναντίον του, εν συγκρίσει με όσους το υποστηρίζουν**. Ρίξτε μια ματιά στο ακόλουθο link, που παρουσιάζει γνωστούς και 'σημαντικούς' ανθρώπους που μίλησαν υπέρ ή εναντίον του bitcoin:

What Bitcoin Critics and Supporters Around the World Have to say (bloomberg.com)
https://www.bloomberg.com/features/bitcoin-bulls-bears/

Ωστόσο, όπως μπορείτε να δείτε στο link, το οποίο ανανεώνεται περιοδικά (όταν κάποιος γνωστός κάνει μια δήλωση περί του bitcoin), μερικοί γνωστοί άνθρωποι, υποστηρίζουν το bitcoin (δείχνει το πρόσωπό τους πράσινο). Γιατί λοιπόν συμβαίνει αυτό;

1. Ναι, από το link στην σελίδα του Bloomberg, μπορείτε να δείτε μερικούς που το υποστηρίζουν, αλλά κάποιοι εξ αυτών, δεν το υποστηρίζουν για την λειτουργικότητά του, όπως ο Mike Novogratz. Ο Novogratz, (09/26/17) χαρακτήρισε το bitcoin μεγάλη φούσκα, και ότι σκοπεύουν να βγάλουν λεφτά από αυτήν. Θεωρώ ότι, όσοι υποστηρίζουν το bitcoin, γνωρίζοντας ότι είναι φούσκα, και το κάνουν αυτό μόνο και μόνο λόγω καθαρής κερδοσκοπίας, στην πραγματικότητα δεν πρέπει να τους λαμβάνουμε υπόψη, διότι εδώ στεκόμαστε εντονότερα, στο εάν το bitcoin ως νέο προϊόν, έχει ουσία και μέλλον. Προφανώς όταν κάποιος το χαρακτηρίζει ως φούσκα και δη, μεγάλη, ακόμα και εάν θέλει να την εκμεταλλευτεί, ωστόσο υποτιμά το υποκείμενο προϊόν.

2. Άλλοι που στην σελίδα του Bloomberg, τους έχει ως υποστηρικτές του bitcoin (με πράσινο πρόσωπο), δεν το υποστηρίζουν ενεργητικά, απλώς δεν το αρνούνται – απλά του δίδουν πίστωση χρόνου, του δίδουν μια ευκαιρία, χώρο και χρόνο, όπως π.χ. ο Lloyd Blankfein, ο οποίος είπε (11/02/17), στην ουσία ότι, αν και δεν έχει bitcoin, μένει ανοικτός προς αυτό, να δει τι

μπορεί να καταφέρει. Αυτό στην πραγματικότητα, είναι μια στάση, ούτε θετική, ούτε αρνητική – είναι μια ουδέτερη στάση.

3. Και άλλοι επίσης στην σελίδα του Bloomberg, παρουσιάζονται με πράσινο χρώμα, στην πραγματικότητα δεν έχουν κάνει κάποια δήλωση υποστήριξης του bitcoin ειδικά, αλλά της ευρύτερης τεχνολογίας blockchain. Όπως για παράδειγμα, ο Howard Schultz, ο οποίος είπε (01/25/2018) "Νομίζω ότι κατευθυνόμαστε σε μια νέα εποχή στην οποία η τεχνολογία blockchain πρόκειται να παράσχει ένα σημαντικό επίπεδο ψηφιακών νομισμάτων που θα βρουν χρήσεις στους καταναλωτές. Και πιστεύω ότι η Starbucks είναι σε μοναδική θέση να το εκμεταλλευτεί αυτό." – δείτε ότι δεν ανέφερε τίποτα περί bitcoin, και αναφέρονταν στο μέλλον, δηλαδή σε εξελίξεις που θα καταστούν δυνατές – σύμφωνα με την άποψή του πάντα – μέσω της blockchain, ενώ το bitcoin είναι ένα υφιστάμενο προϊόν, με ήδη διαμορφωμένα συγκεκριμένα χαρακτηριστικά. Εάν στο μυαλό του, ο Schultz είχε το bitcoin, θα ανέφερε το bitcoin. Είναι εμφανές ότι στο μυαλό του, είχε κάποιας μορφής stablecoin, κάτι παρόμοιο σαν το εγχείρημα του Libra (από το Facebook), το οποίο όμως όπως αναφέρθηκε σε άλλο σημείο, φαίνεται ότι εντέλει δεν θα προχωρήσει λόγω του πλήθους προβλημάτων που έχει αντιμετωπίσει και τα εμπόδια από πλευράς θεσμών.

Οι γνωστοί άνθρωποι, λοιπόν, που έχουν πάρει θέση εναντίον του bitcoin, είναι πολύ περισσότεροι από αυτούς που το υποστηρίζουν ενεργητικά. Αυτό είναι ουσιώδες διότι συμβαίνει για κάποιο λόγο. Σας προτείνω να μην παραλείψετε την παραπάνω σελίδα του Bloomberg, και να την διαβάσετε και μάλιστα να την διαβάσετε προσεκτικά και να στέκεστε σε κάθε δήλωση, είτε αυτή είναι υπέρ είτε κατά του bitcoin, να σκέφτεστε εάν παρουσιάζει ένα ουσιαστικό επιχείρημα, εάν είναι παθητική, αν είναι γενική και με στοιχεία πολιτικής ορθότητας κ.λπ.. Είναι βέβαια ότι η πραγματικότητα και η ορθότητα, δεν είναι πάντα ζήτημα της πλειοψηφίας και συμφωνώ ότι κανείς άνθρωπος αλάνθαστος, αλλά τουλάχιστον όσον αφορά εμένα, κάποιες γνώμες μπορεί να τις βρίσκω πιο σημαντικές από άλλες, υπό προϋποθέσεις – όταν εξετάζω συγκεκριμένα θέματα: φερειπείν οι γνώμες του Warren Buffet και του συνεργάτη του Charlie Munger, που είναι οι καλύτεροι και πλουσιότεροι επενδυτές στον κόσμο (θυμηθείτε ότι μιλάμε για επένδυση στο bitcoin ή σε άλλα κρυπτο-νομίσματα) ή οι γνώμες κεντρικών τραπεζιτών (θυμηθείτε ότι μιλάμε για μια νέα μορφή "χρήματος" που φιλοδοξεί να γίνει παγκόσμιο νόμισμα, ανατρέποντας το κατεστημένο) και λόγω της θέσης, εξειδίκευσής τους και εμπειρίας τους, έχουν μεγαλύτερη σημασία από τις γνώμες άλλων.

Σε αυτό το σημείο και επειδή πολλοί οπαδοί του bitcoin παρουσιάζουν αυτό και την blockchain, να είναι όπως το internet στα πολύ αρχικά του στάδια, θα πω ότι στην περίπτωση του internet, βασικά πίσω, στις αρχές της δεκαετίας του '90, όταν αυτό το "πράγμα", το internet, ήταν κάτι νέο και πέραν κάθε φαντασίας (για παράδειγμα, ποιος το 1987, είχε φανταστεί ότι κάτι σαν το internet θα μπορούσε να υπάρξει λίγα χρόνια μόλις μετά; Ουδείς), τότε λοιπόν που το internet ήταν 'νεογέννητο', ήταν πολύ λίγοι αυτοί που του εναντιώθηκαν, που μίλησαν αρνητικά για την χρήση του, την λειτουργικότητά του ή για την προοπτική του. Και τότε το internet, μας ήταν απολύτως άγνωστο, τι είναι, τι κάνει, πως το κάνει κ.λπ. διότι δεν είχε μια βάση, ήδη γνωστή, πάνω στην οποία στηρίζονταν, και ως ήδη γνωστής, ο κόσμος, να είχε μια κάποια εξοικείωση... Τώρα λοιπόν που έχουμε την γνώση και εμπειρία του internet, που υπάρχει τόσα χρόνια, και που η τεχνολογία blockchain βασίζεται πάνω στο internet (το οποίο το γνωρίζουμε), δεν είμαστε σε θέση να καταλάβουμε, να κατανοήσουμε το πως, και το μέλλον αυτού του νέου πράγματος (blockchain, bitcoin); Κατά την άποψή μου, όχι, το κατανοούμε, διότι η αντιληπτική μας προσπάθεια δεν ξεκινάει από το μηδέν, όπως συνέβαινε ως επί το πλείστον με το internet, πίσω στις αρχές της δεκαετίας του '90, και ενώ λοιπόν, έχουμε την γνώση και εμπειρία του internet, μπορούμε σαφώς ευκολότερα να αξιολογήσουμε το blockchain, το bitcoin και τα cryptos. Κατά την άποψή μου, αυτή την φορά, η πλειοψηφία έχει δίκιο, που δεν 'καταλαβαίνει' και δεν υιοθετεί τα cryptos.

Όμως και πάλι, οι γνωστοί άνθρωποι που μίλησαν υπέρ του bitcoin, είναι αρκετοί, μάλιστα κάποιοι εξ αυτών ως γνωστοί, celebrities, είναι public influencers, και πρέπει να τους δώσουμε μια δέουσα προσοχή και σε αυτούς. Γιατί ενδιαφέρονται για το bitcoin; Συνήθως είναι επιχειρηματίες, 'καρχαρίες' της αγοράς ή πολιτικοί –

κάθε ένας από αυτούς, έχουν κάποιο ιδιαίτερο συμφέρον: ο επιχειρηματίας στο να εξετάσει μια πηγή που μπορεί να τον υποστηρίξει στο να μοχλεύσει εντονότερα τις δραστηριότητές του και συνεπακόλουθα, να αυξήσει τα κέρδη της επιχειρήσεώς του, όπως ο Mark Zuckerberg του Facebook, ένας από τους επικεφαλής στο εγχείρημα του Libra (αν και φαίνεται ότι δεν θα προχωρήσει και θα αποτύχει). Ο Zuckerberg σκέφτηκε ότι με ένα ψηφιακό stablecoin (Libra) θα μπορεί να μοχλεύσει πολύ καλύτερα την ευρεία βάση χρηστών του, και να βγάλει περισσότερα χρήματα. Οι 'καραχαρίες' της αγοράς, δεν υποστηρίζουν το bitcoin εξαιτίας της λειτουργικότητάς και χρησιμότητάς του, αλλά επειδή έχουν αναγνωρίσει την φούσκα και την ευκαιρία για ικανοποιητικά βραχυπρόθεσμα κέρδη μέσω κερδοσκοπικών κινήσεων στην αγορά. Οι πολιτικοί με την σειρά τους, θέλουν απλώς να δείξουν ότι είναι 'in', σε κάτι trendy, σε κάτι που μπορεί (όχι σίγουρα) να βελτιώσει την ζωή μας στο μέλλον – ένα είδος πολιτικής ορθότητας και μοντερνισμού.

Δεύτερον, κυρίως πολιτικοί, ακαδημαϊκοί και διανοούμενοι, έχουν ασχοληθεί με το bitcoin, έχοντας μια θετική θέση, διότι είναι κάτι νέο και επαναστατικό, που μπορεί να αλλάξει το χρηματοοικονομικό μας σύστημα (στα μυαλά τους). Στα δική τους οπτική, είναι ένα νέο είδος στον χρηματοοικονομικό τομέα – ο χρηματοοικονομικός τομέας όμως συνδέεται με την πολιτική – είναι λοιπόν στα μάτια τους, ένα νέο είδος, όπως ήταν παλαιότερα ο σοσιαλισμός: πιστεύουν ότι μπορεί να αλλάξει κακές καταστάσεις του καπιταλισμού. Όμως ακριβώς όπως ο σοσιαλισμός στην μορφή που εφαρμόστηκε (υπαρκτός σοσιαλισμός), υπήρξε σε έναν σχετικά περιορισμένο αριθμό χωρών (δηλαδή δεν έγινε ποτέ το mainstrem διεθνώς), αν και ορισμένες χώρες ήταν μεγάλες, ισχυρές ή και σημαντικές όπως η ΕΣΣΔ και η Κίνα. Όμως ο σοσιαλισμός τελείωσε σχετικά σύντομα, π.χ. στην περίπτωση της Σοβιετικής Ένωσης ή σε άλλες περιπτώσεις, όπως στην Κίνα, που μεταμορφώθηκε σε ένα μίγμα σοσιαλισμού με καπιταλιστικές μεταρρυθμίσεις και ανοίγματα.

Δείχνει λοιπόν το bitcoin να έχει κάποια ομοιότητα με τον σοσιαλισμό: είναι κάτι που δείχνει ελκυστικό, ένα νέο πράγμα που θεωρητικά αλλά επιφανειακά, δείχνει ικανό να αλλάξει κακά πράγματα σε καλύτερα, που δείχνει υποσχόμενο, αλλά **είναι ουτοπικό**: δεν μπορεί να επικρατήσει και εάν επικρατούσε, σύντομα θα αποτύγχανε.

Περίεργως, το Bitcoin μου θυμίζει επίσης και τον χαρακτήρα των comics, τον Iznogoud, ο οποίος ήθελε να γίνει Χαλίφης στην θέση του Χαλίφη. Ο Iznogoud παρουσίαζε μια φαινομενική ευφυΐα αλλά ήταν βασικά ύπουλος και πονηρός και κακός – και εντέλει αποτύγχανε σε όλες τις προσπάθειές να εκτοπίσει τον Χαλίφη και να πάρει την θέση του. Ο Iznogoud προφέρεται Is No Good (Δεν είναι καλός). Το Bitcoin παρομοίως όπως ο Iznogoud, θέλει – όπως λένε οι υποστηρικτές του – να πάρει την θέση του αμερικάνικου δολαρίου (USD) ως το κύριο νόμισμα/χρήμα διεθνώς, αλλά... αποτυγχάνει. Είναι λοιπόν και το Bitcoin, Iznogoud (Is No Good).

Το Bitcoin ή όποιο άλλο πραγματικό κρυπτο-νόμισμα, δεν θα επικρατήσει ποτέ παγκοσμίως. Πολλοί άνθρωποι ανά τον πλανήτη, μπορεί να διαμαρτύρονται για τα κακά του καπιταλισμού και για το υφιστάμενο πολιτικοοικονομικό σύστημα. Και κατά την άποψή μου έχουν δίκιο: είναι αναμφισβήτητο ότι υπάρχουν πολλές αδικίες, υπάρχει μεγάλη ανισότητα και το όλο σύστημα απέχει μακράν από το να είναι τέλειο.

Αλλά το 'υποσχόμενο' bitcoin είναι ένα είδος 'αναρχικό': κανείς δεν το ελέγχει – και μαντέψτε κάτι: οι άνθρωποι μπορεί να παραπονιούνται για τα κακώς κείμενα του υφιστάμενου συστήματος, αλλά είναι μαζικά, στην μεγάλη τους πλειοψηφία, συντηρητικοί: τους αρέσει ο έλεγχος και τα κανονιστικά πλαίσια, ο νόμος και η τάξη, διότι φέρνει κάποια ασφάλεια στις ζωές τους. Και οι άνθρωποι διεθνώς που θέλουν να αλλάξουν το σύστημα ριζικά, είναι μια πολύ μικρή μειοψηφία, γι' αυτό και το bitcoin – ένα 'αναρχικό' χρήμα (ή οποιοδήποτε άλλο πραγματικό κρυπτο-νόμισμα = μη ελεγχόμενο από κανέναν), δεν μπορεί και δεν πρόκειται ποτέ να γίνει ευρέως αποδεκτό. Ακόμα και εάν η πλειοψηφία των μεγάλων και ισχυρών Κρατών, διατηρούσε μια ουδέτερη στάση όσον αφορά στο bitcoin και παθητικά, το άφηνε να υπάρχει και να 'κυκλοφορεί' (υποθέστε ότι οι κυβερνήσεις δεν θέτουν καμία απαγόρευση και κανέναν περιορισμό), *οι άνθρωποι* – εκτός βεβαίως του υποκόσμου και της παραοικονομίας, που τους αρέσει το bitcoin – *στην πραγματική οικονομία, δεν πρόκειται ποτέ να το χρησιμοποιήσουν ευρέως* διότι **στο υποσυνείδητο του κόσμου, το bitcoin είναι ήδη ένα επικίνδυνο και ανασφαλές πράγμα.**

Φυσικά κατανοώ την επιδίωξη του κόσμου για οικονομική ευημερία. Αλλά υπάρχουν οι λάθος τρόποι για να την πετύχεις (όπως η επένδυση στα cryptos) και οι σωστοί τρόποι. Πως; ... στο τελευταίο Κεφάλαιο (14ο).

- ΤΕΛΟΣ -

Υ/Γ: Εάν διαβάσατε το βιβλίο, παρακαλώ κάντε μια review στο amazon.

Μετα… ανάλυση για το Bitcoin!

Ενδιάμεσο bonus κεφάλαιο, μόνο για τους Έλληνες.
Γραμμένο στις 5-07-2019 και καθαρά χιουμοριστικό.

Επειδή από πλευράς χρήσεως, το Bitcoin υπάρχει μια δεκαετία αλλά χρήση δεν έχει αναπτύξει, και επειδή για να έχει αξία ένα οποιοδήποτε asset, πρέπει να έχει χρήση, διότι εάν δεν έχει είναι άχρηστο, άρα δεν έχει και αξία, και επειδή πολλάκις έχω προκαλέσει και προσκαλέσει τους υποστηρικτές του bitcoin, να μου πουν μια μέθοδο που να δείχνει την fair value του bitcoin, αλλά απάντηση δεν έχω πάρει ποτέ και από κανένα (μήπως, λέω τώρα εγώ, επειδή όντως δεν έχει χρήση, άρα δεν έχει αξία;), πλέον προχωρώ και σε μια … λεξαριθμική ανάλυση του bitcoin…

Γιατί έτσι; Γιατί δηλαδή μια λεξαριθμική ανάλυση του bitcoin; Διότι θεωρώ ότι *αφενός* έχει περισσότερη 'λογική' από τις αναλύσεις των υποστηρικτών του bitcoin, που άλλοι λένε θα φτάσει τα $100 χιλιάδες, άλλοι τα $200 χιλιάδες, άλλοι το $1 εκατ. κ.λπ, χωρίς όμως να μας εξηγούν το πώς και γιατί, *αφετέρου* διότι μια τέτοια μορφή ανάλυσης, είναι παιχνιδιάρικη, εύθυμη και ιντριγκαδόρικη… όπως και το bitcoin.

Τι είναι η λεξαριθμική ανάλυση; Για όσους δεν γνωρίζουν, εξηγώ εν συντομία: Είναι μια παραεπιστήμη, άρα δεν είναι επιστήμη (όπως και η αστρολογία), που ορισμένοι θεωρούν ότι σε διάφορες γλώσσες, έτσι και στα ελληνικά, κάθε γράμμα έχει μια ορισμένη αριθμητική αξία. Έτσι σε κάθε λέξη ή και φράση, υπολογίζουν την αριθμητική αξία και μετά την συσχετίζουν με άλλες λέξεις ή φράσεις, που έχουν ισότητα (ισοψηφία), που έχουν δηλαδή την ίδια αριθμητική αξία · και με αυτό τον τρόπο, κάνουν διάφορες διαπιστώσεις, *με τον όρο να έχουν και μεταξύ τους έναν λογικό συσχετισμό και σύνδεση*. Αυτοί που την πιστεύουν, θεωρούν ότι πηγάζει / ασχολήθηκαν μαζί της, οι πυθαγόρειοι που έδιδαν στα νούμερα, κατά κάποιο τρόπο μαγικές ιδιότητες και ιδιαίτερη σημασία.

Ένα παράδειγμα:

Κρίση = μνημόνιο = επιβλαβής = 338

Τι μας λένε στο παράδειγμα αυτό, οι μυστήριοι Λεξάριθμοι; Μας λένε ότι η κρίση που είχε λεξάριθμο 338, έφερε μνημόνιο (με τον ίδιο λεξάριθμο) και ήταν επιβλαβής (επίσης με λεξάριθμο 338).

Για να δούμε λοιπόν τι λένε για το bitcoin οι «σοφοί» λεξάριθμοι:

Η λέξη ΜΠΙΤΚΟΙΝ έχει λεξάριθμο 580. Την ίδια αξία όμως έχει και η λέξη ΚΕΡΔΟΣΚΟΠΙΑ.

Δηλαδή οι λεξάριθμοι δηλώνουν ότι bitcoin και κερδοσκοπία, είναι το ίδιο και τ'αυτό, όπως έχει μαλλιάσει και η γλώσσα μου να λέω, ότι το bitcoin, έχει ένα μόνο χαρακτηριστικό: την κερδοσκοπία.

Η αξία της φρασούλας ΑΞΙΑ ΤΟΥ ΜΠΙΤΚΟΙΝ είναι 1422, όσο έχουν και:
ΑΚΡΙΒΟΠΛΗΡΩΣΑ
ΧΑΘΗΚΑΝ ΤΑ ΠΑΝΤΑ
(... άνευ σχολίου...)

Επίσης, η φρασούλα
ΑΞΙΑ ΜΠΙΤΚΟΙΝ = 652 = ΑΡΕΣ
ΜΑΡΕΣ = ΑΠΑΤΟΣ = ΕΚΜΗΔΕΝΙΣΜΟΣ

ΚΑΤΡΑΚΥΛΑ ΜΠΙΤΚΟΙΝ = 1453 = ΤΟ ΜΟΝΟ ΣΙΓΟΥΡΟ

ΜΠΙΤΚΟΙΝ ΠΕΦΤΕΙ = 1480 = ΖΥΓΟΣ Η ΜΕΓΑΛΗ ΔΥΝΑΜΙΣ
Μήπως αποκαλύπτεται ότι όταν το Libra (Ζυγός), το δημιούργημα που θα αναπτύξει το Facebook ή με το που θα παρουσιαστεί η σκέψη δημιουργίας του (έστω και εάν αυτό τελικά δεν βγει;), το Bitcoin θα ξεκινήσει να πέφτει;;

Μήπως ο Έλλην Λόγος γνωρίζει;;;

Όμως η τεχνική των λεξαρίθμων, που ονομάζεται Gematria, ισχύει όπως ανάφερα και σε άλλες γλώσσες. Στην αγγλική για παράδειγμα, η λέξη bitcoin = 432 = rocket = failure. Και όντως, δεν απογειώνεται σαν rocket (πύραυλος), αλλά μήπως καταλήξει σε failure / αποτυχία;

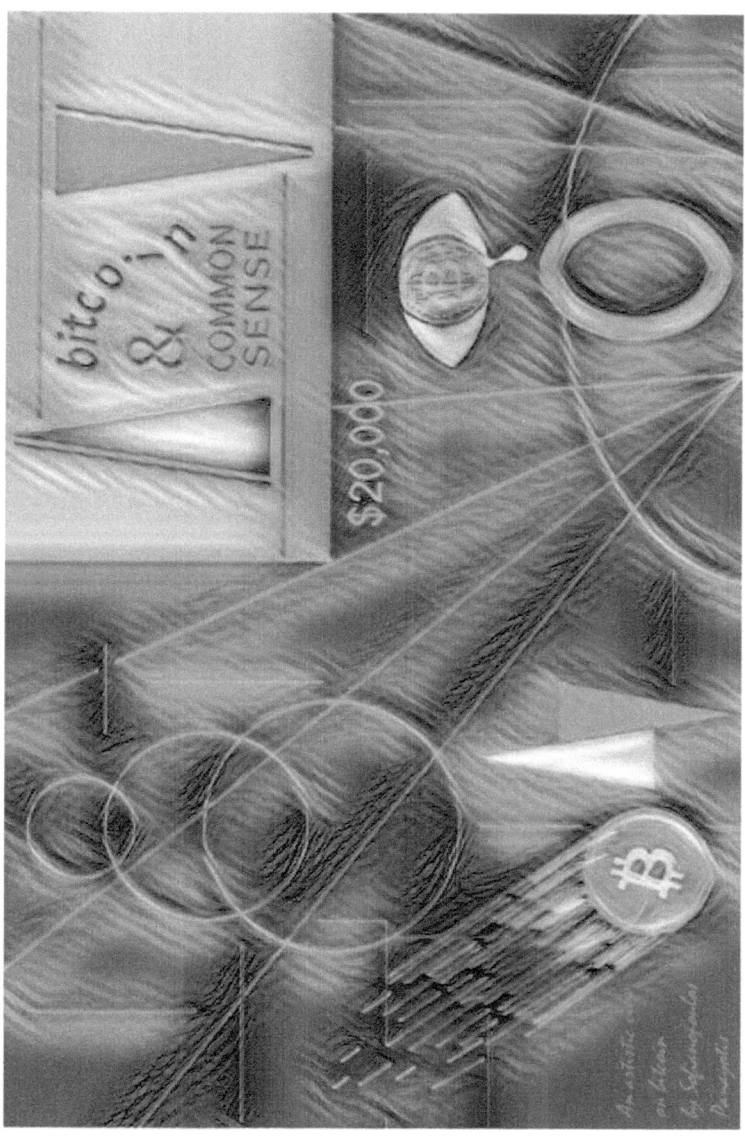

Chapter 14
Choose stocks at 'random' and beat the market and the Pros!

Choosing stocks randomly, is a revolutionary method on investing, because on long term, gives you greater profits and you beat the benchmark index and the vast majority of market Professionals.

Nowadays, it's a common knowledge that the **big** majority of market Professionals (80-90% of them) **underperform** against the benchmark index like S&P 500, on long term.

That's why, passive investing considers to be an investing revolution, because a simple investor (non professional) can succeed through index investing, better returns on long term than the Professionals. It is truly a revolution because with a such easy method like passive investing is, someone can succeed better results than Pros that have much more means and information: they have analysis departments and analysts, special software and very strong hardware, better information channels et.

And now comes out the new revolution, this of random investing! With **random** investing, someone can succeed even greater returns long term comparable to passive investing.

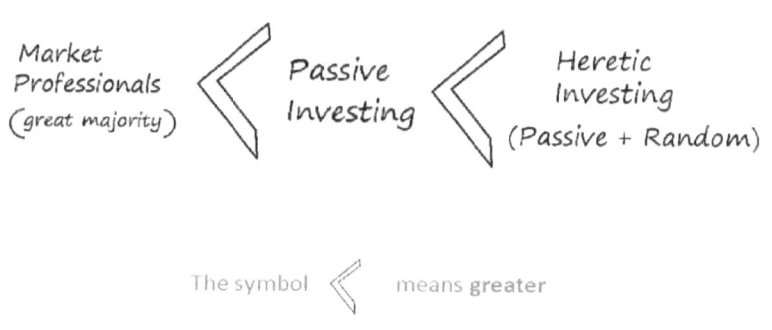

If you are skeptic in my words, see a scientific paper that studies this topic, in the link below:

Are random trading strategies more successful than technical ones?
https://taxcoach.gr/wp-content/uploads/2017/05/1303.4351.pdf

... As also see an article with a market professional that uses random picking, and in the period that use random investing, his Fund outperforms.

See below link:

Random stock picking will beat S&P: Fund manager (CNBC)
https://www.cnbc.com/2014/07/25/random-stock-picking-will-beat-sp-fund-manager.html

In my book (**Heretic Investor: A work smart, not hard, way to profit on Wall Street!**), I analyze in depth this new concept of random investing simultaneously with some other 'details', but 'details' that are important and useful for someone to succeed on investing.

Furthermore, as the basic part of the book is random investing, the book is simple because random, does not demand analysis and special means or equipment. It is the easiest method for really successful investing on long term, you can find.

Find my book, HERETIC INVESTOR, on Amazon. Be careful because there is an English and Greek version.

Like, my Page on Facebook (Heretic Investor):

https://www.facebook.com/heretic.investor/

Panayotis Sofianopoulos

You can contact me at sofpan@yahoo.com

Κεφάλαιο 14
Επιλέξτε μετοχές 'τυχαία' και κερδίστε την αγορά και τους επαγγελματίες!

Το να επιλέγεις μετοχές τυχαία, είναι μια επαναστατική μέθοδος επενδύσεων, διότι μακροπρόθεσμα, σας δίδει μεγαλύτερα κέρδη και ξεπερνάτε σε απόδοση τον  βασικό χρηματιστηριακό δείκτη αναφοράς και την πολύ μεγάλη πλειοψηφία των επαγγελματιών της αγοράς.

... εξ Αιρετικός Επενδυτής ...

Στις μέρες μας, είναι πλέον κοινή γνώση ότι η **μεγάλη πλειοψηφία** των επαγγελματιών της αγοράς (80 με 90% αυτών) **υποαποδίδουν** έναντι του βασικού χρηματιστηριακού δείκτη αναφοράς όπως ο S&P500, μακροχρονίως. Ακριβώς γι'αυτό το passive investing (που ακολουθεί παθητικά τους δείκτες) θεωρείται ως μία επενδυτική επανάσταση, διότι ένας απλός επενδυτής – φυσικό πρόσωπο (μη επαγγελματίας) μπορεί να πετύχει μέσω του index investing, καλύτερες αποδόσεις μακροχρονίως από ό,τι οι επαγγελματίες.

Είναι πραγματικά μια επανάσταση διότι με μια τόσο εύκολη μέθοδο όπως είναι το passive investing, κάποιος μπορεί να πετύχει καλύτερα αποτελέσματα από τους επαγγελματίες, οι οποίοι διαθέτουν πολύ καλύτερα μέσα (συστήματα, εξοπλισμό, προγράμματα, τμήματα αναλύσεων) και πληροφόρηση.

Και τώρα ξεκινάει μια νέα επανάσταση, αυτή του **random investing**! Με το random investing (τυχαία επενδυτική), κάποιος μπορεί να πετύχει ακόμα καλύτερες αποδόσεις μακροχρονίως συγκριτικά με το passive investing.

Εάν δυσπιστείτε στα λεγόμενά μου, δείτε μια επιστημονική μελέτη που ερευνά το εν λόγω θέμα στο παρακάτω link:

Are random trading strategies more successful than technical ones? https://taxcoach.gr/wp-content/uploads/2017/05/1303.4351.pdf

… Όπως επίσης ένα άρθρο με έναν επαγγελματία των χρηματιστηριακών αγορών, ο οποίος χρησιμοποιεί τυχαία επιλογή (random picking), εδώ, και στην περίοδο που την χρησιμοποιεί, το Fund του υπεραποδίδει.

Random stock picking will beat S&P: Fund manager (CNBC) https://www.cnbc.com/2014/07/25/random-stock-picking-will-beat-sp-fund-manager.html

Στο βιβλίο μου **Heretic Investor**: A work smart, not hard, way to profit on Wall Street! (τίτλος στα ελληνικά: ΑΙΡΕΤΙΚΟΣ ΕΠΕΝΔΥΤΗΣ), αναλύω σε βάθος αυτό το νέο concept του random investing ταυτοχρόνως με ορισμένες άλλες 'λεπτομέρειες', αλλά 'λεπτομέρειες' που είναι σημαντικές και χρήσιμες προκειμένου κάποιος να τα καταφέρει στις χρηματιστηριακές επενδύσεις.

Επιπλέον, καθώς το βασικό μέρος του βιβλίου έχει να κάνει με το random investing, το βιβλίο είναι απλό διότι η τυχαία επιλογή ως μέθοδος, δεν απαιτεί ανάλυση ή κάποια σπέσιαλ μέσα ή εξοπλισμό. Είναι η ευκολότερη μέθοδος που θα βρείτε, για πραγματικά επιτυχείς επενδύσεις στα χρηματιστήρια, μακροπρόθεσμα.

Βρείτε το βιβλίο μου, ΑΙΡΕΤΙΚΟΣ ΕΠΕΝΔΥΤΗΣ, στο amazon.
Προσοχή διότι υπάρχει αγγλική και ελληνική έκδοση. Η ελληνική με GR.

Βρείτε την Σελίδα μου στο Facebook (Heretic Investor): https://www.facebook.com/heretic.investor/

Παναγιώτης Σοφιανόπουλος

"I'm forever blowing bubbles,

pretty bubbles in the air,

they fly so high, nearly reach the sky,

then like my dreams they fade and die".

– Popular American song, debuted in 1918
(John Kellette, Jaan Kenbrovin)

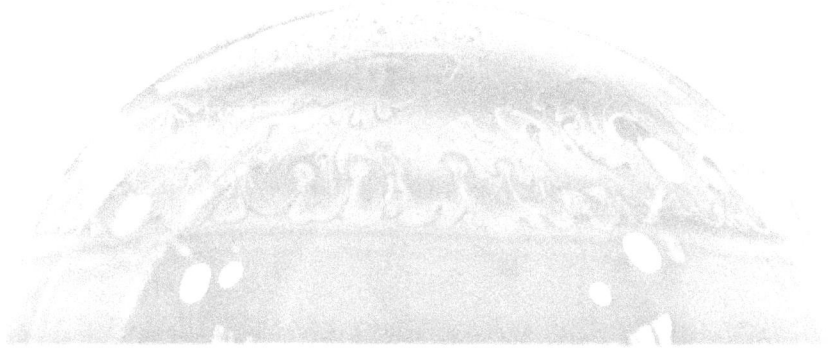

www.ingramcontent.com/pod-product-compliance
Lightning Source LLC
Chambersburg PA
CBHW021408210526
45463CB00001B/262